职业院校五年制
汽车类专业
新形态教材

北京师范大学出版社

汽车底盘检修

主编 —————— 李　烽　于占明

参编 —————— 施洪辰　陈　刚
陈小林　贾玲玲
肖智杨　汪相林

U0646487

QICHE DIPAN
JIANXIU

北京师范大学出版集团
BEIJING NORMAL UNIVERSITY PUBLISHING GROUP
北京师范大学出版社

图书在版编目(CIP)数据

汽车底盘检修 / 李烽，于占明主编. —北京：北京师范大学
出版社，2024.9
ISBN 978-7-303-29804-4

Ⅰ. ①汽… Ⅱ. ①李… ②于… Ⅲ. ①汽车－底盘－检修－
高等职业教育－教材 Ⅳ. ①U472.41

中国国家版本馆 CIP 数据核字(2024)第 008869 号

图书意见反馈：zhijiao@bnupg.com
营销中心电话：010-58802755　58800035
编 辑 部 电话：010-58806368

出版发行：北京师范大学出版社　www.bnupg.com
　　　　　北京市西城区新街口外大街 12-3 号
　　　　　邮政编码：100088
印　　刷：优奇仕印刷河北有限公司
经　　销：全国新华书店
开　　本：889 mm×1194 mm　1/16
印　　张：13
字　　数：281 千字
版　　次：2024 年 9 月第 1 版
印　　次：2024 年 9 月第 1 次印刷
定　　价：41.80 元

策划编辑：林　子　　　　　责任编辑：林　子
美术编辑：焦　丽　　　　　装帧设计：楠竹文化
责任校对：陈　民　　　　　责任印制：马　洁　赵　龙

前 言

Preface

党的二十大指出："今后一段时间，我国将坚持把发展经济的着力点放在实体经济上，推进新型工业化，加快建设制造强国、质量强国、航天强国、交通强国、网络强国、数字中国。实施产业基础再造工程和重大技术装备攻关工程，支持专精特新企业发展，推动制造业高端化、智能化、绿色化发展。"

随着我国汽车工业的高速发展，汽车底盘的结构和控制技术得到了长足的发展。汽车底盘技术中出现了许多新工艺、新技术，这些应用使得汽车驾驶更安全、更舒适，但也增加了汽车底盘故障检测与维修的难度。作为一名合格的汽车维修人员，应全面掌握汽车底盘系统的结构、原理和检测维修的基本方法与技能，以便更好地为客户提供优质的服务。

"汽车底盘构造与维修"是高等职业学校汽车运用与维修技术专业的一门必修课程，为了使大家更好、更全面地了解汽车底盘系统的结构和控制技术，掌握汽车底盘系统常见故障的检测和维修技能，我们编写了这本教材。在编写时，甄选了必要的理论知识进行讲解，并通过图文并茂的形式，介绍了在汽车底盘维修作业时必备的专业知识，力求做到深入浅出、浅显易懂。

党的二十大指出："教育、科技、人才是全面建设社会主义现代化国家的基础性、战略性支撑，必须坚持人才是第一资源，深入实施科教兴国战略、人才强国战略。"故本书在注意基本方法介绍的同时，更注重对学生实践动手能力的训练和安全文明的生产意识的培养。为此，我们将一定比例的行为习惯和职业素养知识有机地融入任务实施之中，让学生树立"安全修车、环保修车、人文修车"的理念，更让学生牢固树立终身学习理念和"卓越工程师、大国工匠、高技能人才"的远大志向，为实现中华民族伟大复兴的中国梦，为以中国式现代化全面推进中华民族伟大复兴贡献力量。

本次改版，我们还将手动变速器、自动变速器知识和原底盘教材进行了融合，增加了汽车底盘基础模块，部分任务增加了拓展知识，并对项目和任务与时俱进地进行了整合和调整，使其更加符合现阶段底盘维修工作岗位需求。

本书具体学习内容及教学建议如下表所示。

序号	项目名称	学习任务	参考学时
项目 1	汽车底盘基础	2	4
项目 2	传动系统的构造与检修	5	36
项目 3	转向系统构造与检修	3	12
项目 4	行驶系统的构造与检修	5	28
项目 5	制动系统的构造与检修	6	28
合计		21	108

　　本书由李烽、于占明担任主编，施洪辰、陈刚、陈小林、贾玲玲、肖智杨、汪相林担任参编。李烽编写了项目3；于占明编写了项目1，以及项目5的任务6；施洪辰编写了项目2的任务2、任务3和项目5的任务4；陈小林编写了项目5的任务1、任务2、任务3、任务5；陈刚编写了项目2的任务1、任务4、任务5；贾玲玲编写了项目4。肖智杨、汪相林两位是企业技师，在本教材编写中也给予了我们一定帮助。

　　由于编者水平有限，不足之处在所难免，恳请各位读者提出宝贵意见。

目 录
Contents

项目 ① 汽车底盘基础

项目描述

　　传统汽车一般由发动机、底盘、电气设备和车身四大部分组成，其中底盘是汽车的重要基础，是汽车安全、可靠、舒适行驶的重要保障。同时，汽车底盘部分的维护作业在整车维护作业中占很大比重。

学习目标

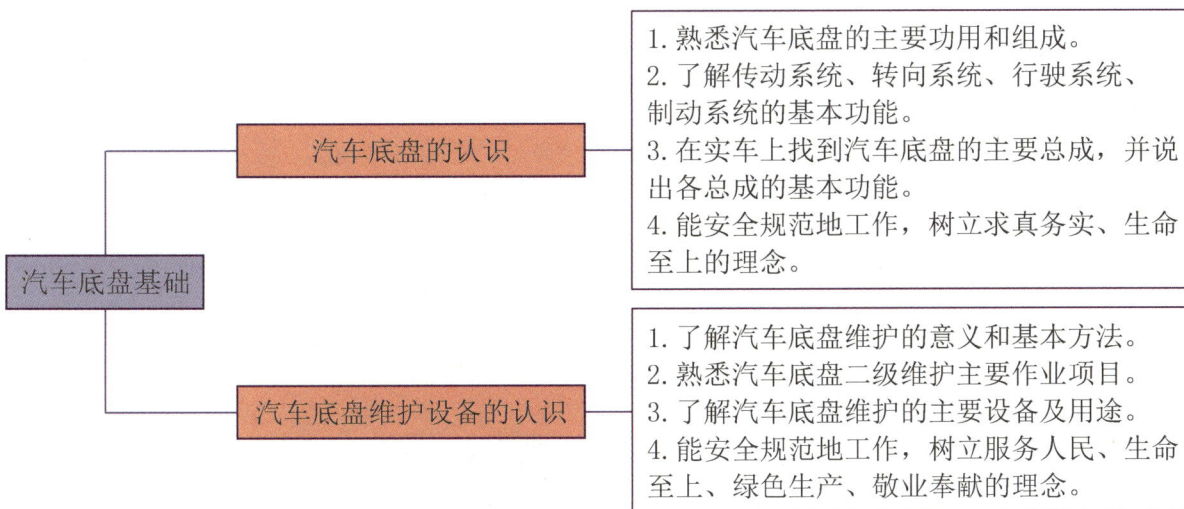

汽车底盘基础

汽车底盘的认识
1. 熟悉汽车底盘的主要功用和组成。
2. 了解传动系统、转向系统、行驶系统、制动系统的基本功能。
3. 在实车上找到汽车底盘的主要总成，并说出各总成的基本功能。
4. 能安全规范地工作，树立求真务实、生命至上的理念。

汽车底盘维护设备的认识
1. 了解汽车底盘维护的意义和基本方法。
2. 熟悉汽车底盘二级维护主要作业项目。
3. 了解汽车底盘维护的主要设备及用途。
4. 能安全规范地工作，树立服务人民、生命至上、绿色生产、敬业奉献的理念。

任务 1 汽车底盘的认识

检修案例

通用科鲁兹品牌4S店的维修部接待一位预约定期维护的客户。客户反映，该车行驶了 80 000 千米，最近行驶过程中通过减速带或不平路面时，车辆有明显上下点头的现象，这导致乘客容易晕车。经维修技师检查发现，车辆右前悬架的减振器有明显漏油。故对整车包括底盘部分进行了常规定期维护外，还更换了前悬架左右两个减振器，且经路试后，故障现象消失了。作为未来的汽车维修工，你需要认识汽车底盘的组成部件名称，熟悉它们的功能。

课前导入

同学们，为了完成本次工作任务，请在课前利用多种途径查阅资料预习相关知识点，也可扫一扫右方二维码进行课前学习，熟悉相关应知应会知识点，并完成下面5个知识点的学习任务。

课前学习资料

知识点 1 汽车底盘作用与组成

汽车底盘的作用是支承、安装汽车发动机及其各部件、总成，形成汽车的整体造型，并接受发动机的_____，使汽车产生_____，保证_____。底盘由传动系统、行驶系统、转向系统和制动系统四部分组成。请在下图中将四大系统填在规定位置。

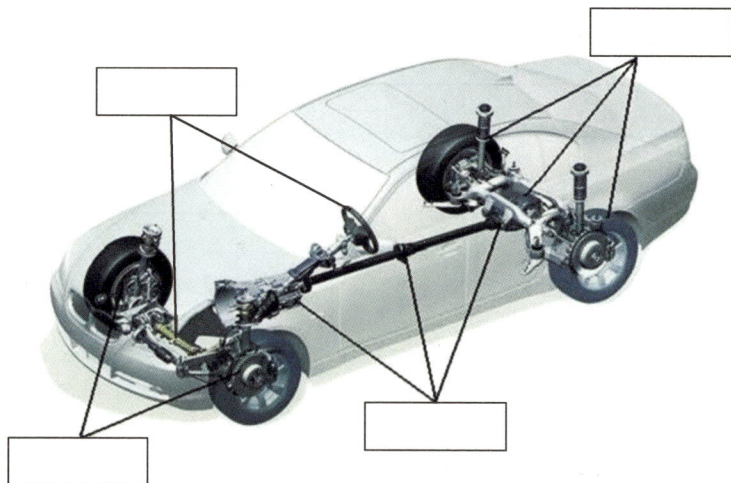

知识点 2　汽车传动系统的认识

　　传动系统指位于发动机到汽车_____之间的传递动力的装置。传动系统的基本功能是接受发动机的动力并传给驱动轮。除此之外，具有_____、_____、倒车、中断动力、轮间差速和轴间差速等功能。对于前置后驱的汽车来说，发动机发出的转矩依次经过离合器、变速器、万向节、传动轴、主减速器、差速器、半轴传给后车轮。请将下图中的总成补充完整。

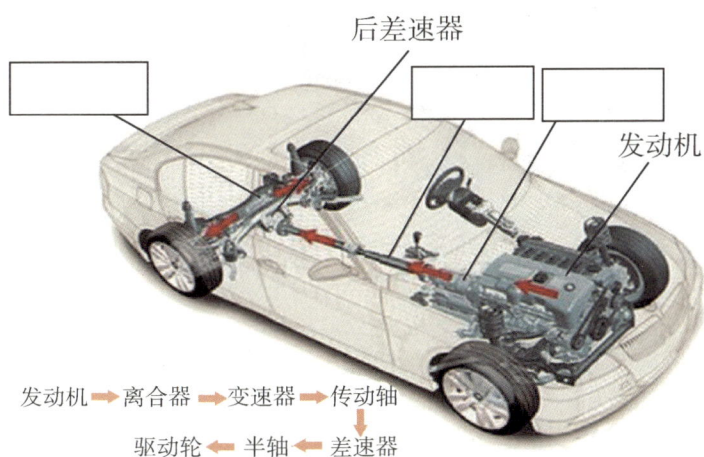

后差速器

发动机

发动机 ➡ 离合器 ➡ 变速器 ➡ 传动轴
驱动轮 ⬅ 半轴 ⬅ 差速器

知识点 3　汽车行驶系统的认识

　　行驶系统接受发动机经传动系统传来的转矩，并通过_____与_____间附着作用，产生汽车_____，保证汽车正常行驶；尽可能缓和不平路面对车身造成的冲击和振动，保证汽车行驶的_____；与汽车转向系统配合，保证汽车的操纵_____。

　　行驶系统主要由车架、车桥、悬架和车轮组成，请将下图补充完整。

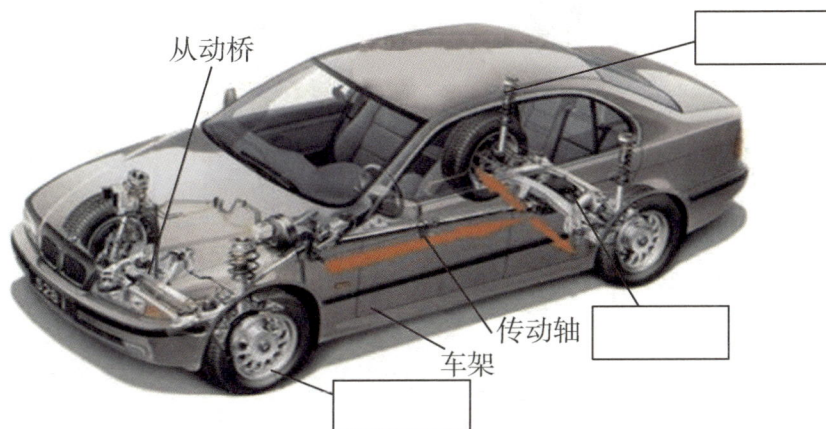

从动桥

传动轴

车架

知识点 4　汽车转向系统的认识

用来_____或_____汽车行驶方向的机构称为汽车转向系统。请将下图中的液压动力转向系统的部件补充完整。

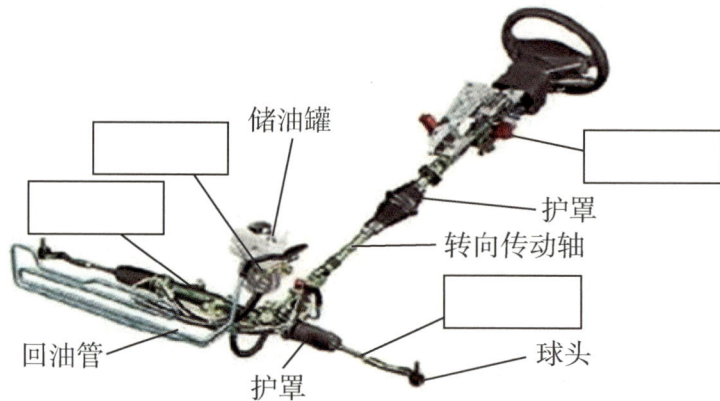

知识点 5　汽车制动系统的认识

制动系统的主要功用是使行驶中的汽车_____甚至_____，使下坡行驶的汽车速度保持_____，使已停驶的汽车保持_____。请将下图中的液压制动系统的部件补充完整。

课中实践

一　能力测评

二 工作任务

1. 任务分组

班级：　　　　　　　　组号：　　　　　　　　指导老师：

组长：　　　　　　　　承担任务：

姓名	承担任务	姓名	承担任务

2. 任务实践

作业内容	图　　解	技术提要
1. 工作准备		1. 工作场景：雪佛兰科鲁兹教学用车 2. 主要设备：教学用车、工具车、多媒体设备、工作台 3. 辅助材料：翼子板布、前格栅布、三件套、抹布、挂历白纸、白板笔、卡片纸、喷胶
2. 车辆的基本防护和安全检查		1. 使车辆位于举升机位的正常举升初始位置 2. 安装车轮挡块 3. 拉紧＿＿＿＿＿＿ 4. 安装地板垫、＿＿＿＿和＿＿＿＿等三件套
3. 查找并记录车辆基本信息		1. 查找并记录 VIN 码 ＿＿＿＿＿＿＿＿＿＿＿＿＿＿＿＿ 2. 检查车辆外观并记录损毁情况 ＿＿＿＿＿＿＿＿＿＿＿＿＿＿＿＿ ＿＿＿＿＿＿＿＿＿＿＿＿＿＿＿＿ ＿＿＿＿＿＿＿＿＿＿＿＿＿＿＿＿

作业内容	图　解	技术提要
4. 判断传动系统类型		1. 判断传动系统类型（前驱/后驱/四驱） 2. 判断变速箱类型（MT/AT）
5. 举升车辆准备		1. 方向盘解锁 2. 将挡位置于＿＿＿＿＿挡 3. 释放＿＿＿＿＿ **安全警告：** 旋转转向盘时，轻轻用力，切忌用力过猛
6. 举升车辆至最高位		1. 安装好举升垫块 2. 举升前、中要大声提醒并注意观察，确保安全 3. 到位后安全锁止，关闭＿＿＿＿＿ **安全警告：** 发现举升异常时，立即停止
7. 识别传动系统总成		1. 确认有无离合器（有/无） 2. 找到变速器或变速驱动桥 3. 找到传动轴或驱动轴 **安全警告：** 注意安全，谨防头部受伤及眼睛进入脏物
8. 观察差速器工作情况		1. 转动一侧车轮，观察另一侧车轮转动情况，并记录＿＿＿＿＿ 2. 控制一侧车轮，转动另一侧车轮，记录现象＿＿＿＿＿ **安全警告：** 戴手套操作，并注意不要剧烈晃动车轮；谨防头部受伤及眼睛进入脏物

作业内容	图　解	技术提要
9. 绘制本车传动路线		1. 根据实车实际，绘制传动路线 ＿＿＿＿＿＿＿＿＿＿＿＿＿＿＿ ＿＿＿＿＿＿＿＿＿＿＿＿＿＿＿ ＿＿＿＿＿＿＿＿＿＿＿＿＿＿＿ ＿＿＿＿＿＿＿＿＿＿＿＿＿＿＿ 2. 说出传动系统基本功能
10. 识别行驶系统		1. 找到车架，判断其类型 2. 找到从动桥、驱动桥 3. 找到前后悬架，认识减振器和缓冲元件 4. 找到前后车轮，识别钢圈类型(铁质/铝合金) **安全警告：** 注意安全，谨防头部受伤及眼睛进入脏物
11. 识别制动系统		1. 找到前后轮制动管路 2. 判断前后轮制动器类型(盘式/鼓式) 3. 找到机械式驻车制动器拉线或电子式驻车制动器执行器 4. 找到前后轮制动分泵 **安全警告：** 注意安全，谨防头部受伤及眼睛进入脏物
12. 识别转向系统		1. 找到转向机 2. 判断转向助力系统类型(液压/电动) 3. 找到转向横拉杆和转向节 4. 通过偏转一侧轮胎，观察转向传动机构的工作 **安全警告：** 戴手套操作，并注意不要剧烈晃动车轮；谨防头部受伤及眼睛进入脏物

作业内容	图　　解	技术提要
13. 降下举升机至最低位		1. 降下前、中要大声提醒并注意观察，确保安全 2. 举升机回到初始位置，关闭电源开关 3. 实施驻车制动 **安全警告：** 发现举升异常，立即停止
14. 打开发动机舱盖，做好车辆防护		1. 拉起发动机舱盖释放杆 2. 正确支撑发动机舱盖 3. 安装翼子板布、＿＿＿＿＿、＿＿＿＿＿等外三件套 **安全警告：** 拉动释放杆时用力不宜过大
15. 识别制动、转向系统部件		1. 找到制动总泵和制动液储液罐，并观察液位是否正常（是/否） 2. 找到 ABS 液压泵总成 3. 确认有无液压转向助力液储液罐（有/无），并观察液位是否正常（是/否）
16. 识别离合器、制动器踏板		1. 在驾驶室内找到制动踏板 2. 确认有无离合器踏板 3. 踏板从左到右依次为＿＿＿＿＿＿＿＿＿ ＿＿＿＿＿＿＿＿＿＿＿＿＿＿＿＿＿
17. 5S 工作		1. 收起翼子板布、前格栅布，放到规定位置，盖上发动机舱盖 2. 收起三件套，丢弃至指定垃圾箱 3. 拔出钥匙，锁好车门，钥匙放回指定位置 4. 清洁车辆、地面及工具

续表

作业内容	图　解	技术提要
18. 填写工作表单		1. 完成的项目在工作表单中确认 2. 正常的打"✓"，有问题的打"✕" 3. 有数据记录的记录相关数据 4. 有疑问的做好相关记录

3. 实施总结及反思

三　学习目标达成情况

序号	学习内容(知识、技能、行为习惯、职业素养)	评价标准			
		了解知道	理解掌握	指导下操作	独立操作

▶▶ 课后延伸

一　理论测试

二   任务实施巩固

用思维导图法对汽车底盘的组成及各系统的功能、组成部件进行总结与回顾。

任务 2　汽车底盘维护设备的认识

检修案例

通用科鲁兹品牌 4S 店的维修技师在客户车辆的底盘维护和减振器更换维修作业中，使用了许多底盘维护专用设备，这保证了维护工作的顺利开展和维护工作的圆满完成。作为未来的汽车维修工，你需要认识汽车底盘的维护设备，在后续的学习任务中，熟悉它们的功能和基本操作。

课前导入

同学们，为了完成本次工作任务，请在课前利用多种途径查阅资料预习相关知识点，也可扫一扫右方二维码进行课前学习，熟悉相关应知应会知识点，并完成下面 3 个知识点的学习任务。

课前学习资料

知识点 1　汽车底盘维护的意义和方法

汽车底盘是否及时得到正确的维护，直接关系到汽车的安全性、_____、_____和经济性，因此不能掉以轻心。汽车底盘维护和发动机维护有很多相似之处，即以_____维护为主，视情维修为辅。

视情维修是指，对车辆所执行的维修作业是根据实际情况按需要进行的。即当车辆在使用过程中出现_____时，或在定期维护作业中，经检查需要进行有关技术维护或修理作业时，才进行必要的维修。

知识点 2　汽车底盘二级维护主要作业项目的认识

在汽车定期维护作业中，检查底盘的主要总成、部件及其相关零件，必要时，进行_____、_____、_____、_____或更换。

知识点 3　汽车底盘维护设备的认识

请根据设备图片写出设备名称及主要用途。

名称：
用途：

名称：
用途：

名称：
用途：

名称：
用途：

名称：
用途：

名称：
用途：

名称：
用途：

课中实践

一　能力测评

二 工作任务

1. 任务分组

班级：　　　　　　组号：　　　　　　指导老师．

组长：　　　　　　承担任务：

姓名	承担任务	姓名	承担任务

2. 任务实践

请调查本校实训基地用于汽车底盘维护的主要设备，并填入下方表格中。

序号	设备名称	主要用途
1		
2		
3		
4		
5		
6		
7		
8		
9		
10		

3. 实施总结及反思

三 学习目标达成情况

序号	学习内容（知识、技能、行为习惯、职业素养）	评价标准			
		了解知道	理解掌握	指导下操作	独立操作

课后延伸

一 理论测试

二 任务实施巩固

用思维导图法总结汽车底盘定期维护和视情维修的主要作业项目及所需专用设备。

项目②

传动系统的构造与检修

项目描述

　　汽车传动系统的主要作用是把发动机输出的动力经过变速、变向、变扭后最终传递给驱动轮。传动系统的构造与检修的学习内容主要包括离合器的检修、手动变速器的检修、自动变速器的认识（DSG双离合）、万向传动装置的检修、驱动桥的检修五个内容。

学习目标

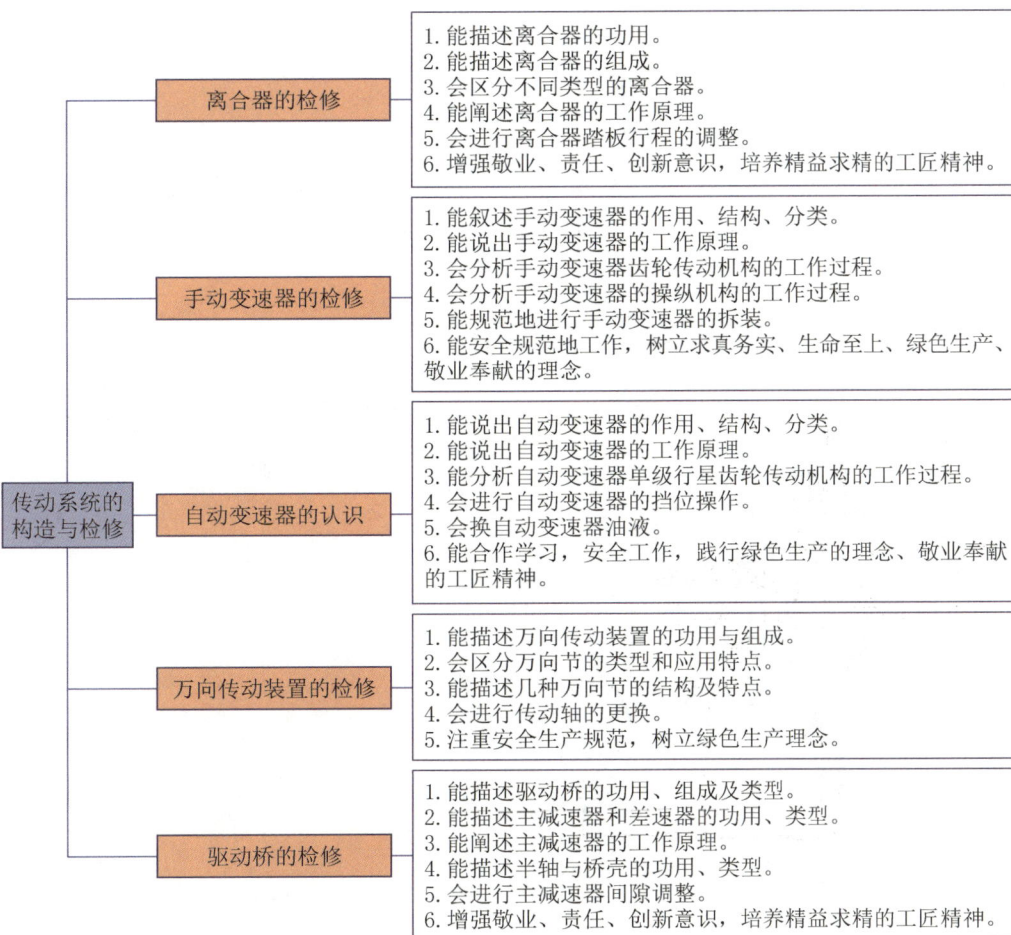

传动系统的构造与检修

离合器的检修
1. 能描述离合器的功用。
2. 能描述离合器的组成。
3. 会区分不同类型的离合器。
4. 能阐述离合器的工作原理。
5. 会进行离合器踏板行程的调整。
6. 增强敬业、责任、创新意识，培养精益求精的工匠精神。

手动变速器的检修
1. 能叙述手动变速器的作用、结构、分类。
2. 能说出手动变速器的工作原理。
3. 会分析手动变速器齿轮传动机构的工作过程。
4. 会分析手动变速器的操纵机构的工作过程。
5. 能规范地进行手动变速器的拆装。
6. 能安全规范地工作，树立求真务实、生命至上、绿色生产、敬业奉献的理念。

自动变速器的认识
1. 能说出自动变速器的作用、结构、分类。
2. 能说出自动变速器的工作原理。
3. 能分析自动变速器单级行星齿轮传动机构的工作过程。
4. 会进行自动变速器的挡位操作。
5. 会换自动变速器油液。
6. 能合作学习，安全工作，践行绿色生产的理念、敬业奉献的工匠精神。

万向传动装置的检修
1. 能描述万向传动装置的功用与组成。
2. 会区分万向节的类型和应用特点。
3. 能描述几种万向节的结构及特点。
4. 会进行传动轴的更换。
5. 注重安全生产规范，树立绿色生产理念。

驱动桥的检修
1. 能描述驱动桥的功用、组成及类型。
2. 能描述主减速器和差速器的功用、类型。
3. 能阐述主减速器的工作原理。
4. 能描述半轴与桥壳的功用、类型。
5. 会进行主减速器间隙调整。
6. 增强敬业、责任、创新意识，培养精益求精的工匠精神。

任务 1　离合器的检修

检修案例

雪佛兰科鲁兹 4S 店的维修部接到一辆维修轿车，据车主描述，车子行驶时，出现车速上不去、加速慢、上坡无力、油耗大等问题。

维修人员试车后，发现上述现象确实存在，且怀疑该车离合器有问题。作为未来的汽车维修工，针对此故障需要对离合器进行相关检修。

课前导入

同学们，为了完成本次工作任务，请在课前利用多种途径查阅资料预习相关知识点，也可扫一扫右方二维码进行课前学习，熟悉相关应知应会知识点，并完成下面 3 个学习任务。

课前学习资料

知识点 1　离合器的组成

离合器由主动部分、从动部分、压紧装置、分离机构和操纵机构五部分组成。其中，摩擦式离合器种类很多，而其组成和工作原理基本相同。此外，膜片弹簧式离合器目前被广泛应用在各种类型的汽车上。

在图和表格上分别填写各部分的名称或序号。

序号	名称	序号	名称
1	曲轴	10	
2	从动轴	11	
3		12	
4		13	
5		14	
6		15	
7	分离杠杆	16	
8	弹簧	17	
9		18	轴承

知识点 2 离合器的类型

汽车离合器有摩擦式离合器、液力变矩器(液力耦合器)、电磁离合器等几种。摩擦式离合器又分为湿式和干式两种。目前,与手动变速器相配合的绝大多数离合器为干式摩擦式离合器,按其从动盘的数目,又分为单盘式、双盘式和多盘式等几种。

分类方式	类型
按从动盘的数目不同分	
按弹簧的类型和布置形式不同分	
按操纵机构的不同分	

知识点 3 离合器的自由间隙和踏板的自由行程

离合器处于接合状态时,分离轴承与分离杠杆内端之间预留的间隙称为"离合器的自由间隙"。其作用是防止从动盘摩擦片磨损变薄后压盘不能向前移动而造成离合器打滑。消除离合器的自由间隙和分离机构、操纵机构零件的弹性变形所需要的离合器踏板的行程称为"离合器踏板的自由行程",其大小可以调整。

请在下图中填写相应名称。

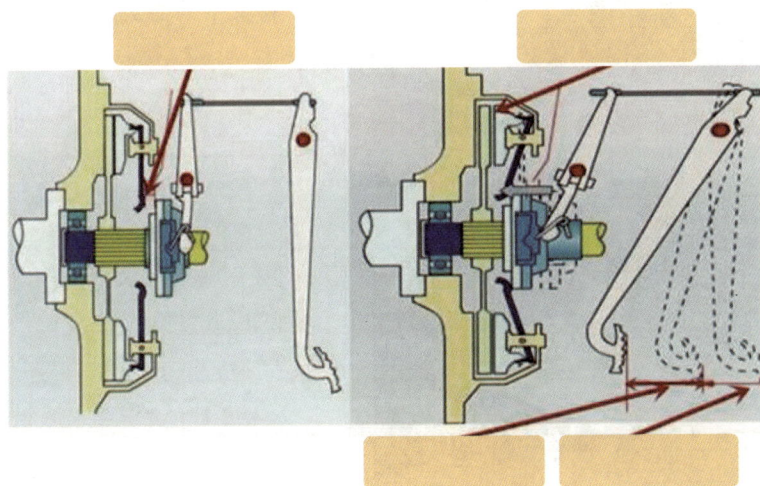

▶▶ 课中实践

一　能力测评

二　工作任务

1. 任务分组

班级：　　　　　　　　组号：　　　　　　　　指导老师：

组长：　　　　　　　　承担任务：

姓名	承担任务	姓名	承担任务

2. 任务实践

作业内容	图　解	技术提要
1. 车辆防护		1. 使车辆位于举升机位的正常举升初始位置 2. 安装车轮挡块 3. 拉紧驻车制动器 4. 安装三件套
2. 移座椅		1. 用一只手扶着椅背，另一只手扣起座椅前部底下调整拉杆，往后调至极限位置 2. 同时检查座椅螺丝是否有松动

续表

作业内容	图　解	技术提要
3. 测量离合器自由行程		1. 用直尺测出踏板_____情况下踏板高度 2. 用手慢慢按下离合器踏板，读出当手上感觉有阻力时踏板高度 3. 这两个高度差值即为_____，一般车辆的自由行程在_____mm 左右，具体数据要看车型 **注意事项：** 切勿用力过大，导致测量不精确
4. 认识踏板行程调整装置		离合器踏板自由行程调整装置在踏板的下方，观察时要使用手电筒
5. 松开锁紧装置		1. 了解锁紧螺母所在位置 2. 了解锁紧螺母的大小以便选择合适的工具 3. 用开口扳手松开锁紧螺母 **注意事项：** 人趴下观察时一定要注意安全，在松锁紧螺母时要卡住调整螺杆

作业内容	图　解	技术提要
6. 调整踏板自由行程	锁紧螺杆	1. 了解调整螺杆所在位置 2. 了解调整螺杆方向 3. 选择合适工具调整踏板自由行程（此时要根据刚才所读数据来进行调整） **注意事项：** 在调整踏板自由行程时一定要用开口扳手卡住锁紧装置
7. 再次测量踏板自由行程		具体的测量方法与数据同步骤3
8. 如果符合技术要求则拧紧锁紧螺母，如果不符合技术要求则重复以上步骤	锁紧螺杆	符合要求则拧紧锁紧螺母 **注意事项：** 在拧紧锁紧螺母时要卡住调整螺杆
9. 整理清洁车辆、工具以及车间		1. 收起翼子板布、前格栅布，放到规定位置，盖上发动机舱盖 2. 收起三件套，丢弃至指定垃圾箱中 3. 拔出钥匙，锁好车门，钥匙放回指定位置 4. 清洁车辆、地面及工具

3. 实施总结及反思

三　学习目标达成情况

序号	学习内容（知识、技能、行为习惯、职业素养）	评价标准			
		了解知道	理解掌握	指导下操作	独立操作

▶▶ 课后延伸

一　理论测试

二　任务实施巩固

提示：可以用思维导图法对操作过程进行总结或回顾操作过程中的主要步骤。

任务 2　手动变速器的检修

任务案例

别克品牌 4S 店的维修部接到一辆维修轿车。据称，该车车主经常在未完全踩下离合器踏板的情况下挂挡，时间长了挂挡时有异响、冲击，甚至有时挂不上挡位。经检查，维修人员怀疑该车变速器内部传动齿轮或是同步器损坏。作为未来的汽车维修工，针对此故障需要将变速器解体，并进行相关检查。

课前导入

同学们，为了完成本次工作任务，请在课前利用多种途径查阅资料预习相关知识点，也可扫一扫右方二维码进行课前学习，熟悉相关应知应会知识点，并完成以下学习任务。

课前学习资料

知识点 1　手动变速器的作用

❓ 思考：单速自行车和可变速自行车的相同点和异同点是什么？

_____

_____

手动变速器作用如下：

(1)改变自发动机传到驱动轮上的扭矩和转速；

(2)在发动机旋转方向不变的前提下，使汽车能倒退行驶；

(3)利用空挡，可中断动力传递，便于起动、怠速、换挡和动力输出。

在轿车上，变速器的挡位从早期汽车的 2 挡，直到今天通用的 6 挡。

知识点 2　手动变速器的布置形式

❓ 思考：在变速器的不同布置形式中，主减速器放置在后面和放置在前面，有什么不同呢？

在轿车上，变速器的布置形式包括纵向布置和横向布置，也就是后轮驱动和前轮驱动，如图 2-2-1、图 2-2-2 所示。

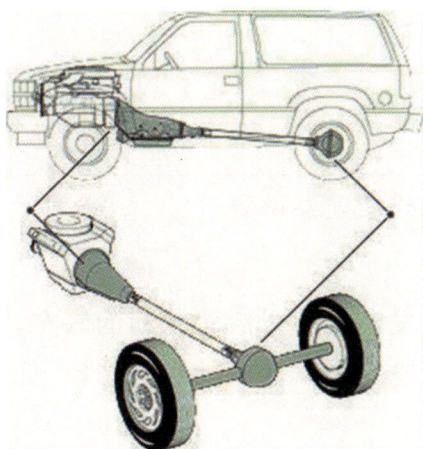

图 2-2-1　纵向布置的变速器

（通常为后轮驱动）

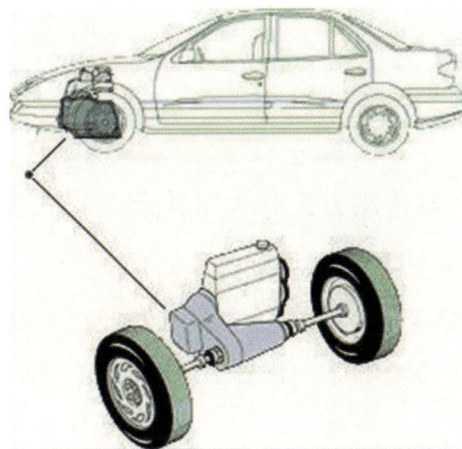

图 2-2-2　横向布置的变速器

（通常为前轮驱动）

知识点 3　手动变速器的组成

根据以下知识点的描述，补充图中箭头所指位置对应的部件名称。

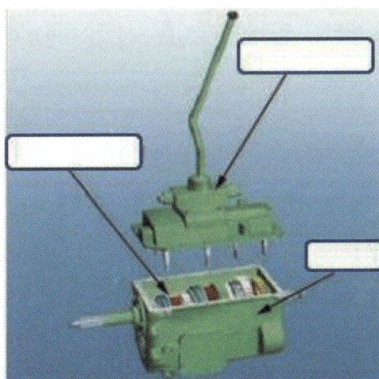

图 2-2-3　手动变速器的组成

如图 2-2-3 所示，手动变速器由三部分组成，且其各自的组成为：

（1）变速器的外壳为整体式的；

（2）变速器盖由上盖和顶盖组成，上盖和顶盖内装有操纵机构；

（3）齿轮传动机构由输入轴、输出轴（上主轴和下主轴）、各挡齿轮、同步器和轴承等组成。

知识点 4 手动变速器的分类

上汽通用 2013 年科鲁兹所采用的变速器是什么类型的变速器？请写出你的答案，以及你的判断依据。

_____

_____

_____

按齿轮传动方式分类主要有二轴式变速器和三轴式变速器两种。

1. 二轴式变速器

在汽车传动系统中，采用发动机前置前轮驱动或发动机后置后轮驱动的汽车，由于受总体布置的影响，一般采用二轴式变速器，即只设有输入轴、输出轴和倒挡轴，而不设中间轴。

2. 三轴式变速器

对于客车或中、重型载货汽车，在传动系统中，要求输出更大的扭矩和实现较大的速度变动范围，因此一般采用三轴式变速器，即除设有输入轴、输出轴和倒挡轴之外，还有中间轴。

与二轴式变速器相比，三轴式变速器有以下特点：①在相同的径向尺寸下，可获得较大的传动比；②获得直接挡时，变速器的传动效率高。

知识点 5 手动变速器的变速原理和变向原理

1. 变速原理

手动变速器利用不同齿数的齿轮啮合传动来实现转矩和转速的改变。

传动比指主动齿轮(输入轴)转速与从动齿轮(输出轴)转速的比值，用 i_{12} 表示。设主动齿轮转速为 n_1，齿数为 z_1，从动齿轮转速为 n_2，齿数为 z_2，则传动比为：

_____

不同情况下的传动比如表 2-2-1 所示。

表 2-2-1 不同情况下的传动比

主动齿轮	输出转速		输出转矩		传动情况	传动比
小齿轮带动大齿轮	降速	$n_2 < n_1$	增矩	$T_2 > T_1$	减速	$i_{12} > 1$
大齿轮带动小齿轮	升速	$n_2 > n_1$	降矩	$T_2 < T_1$	增速	$i_{12} < 1$
两齿轮数相同	相同	$n_2 = n_1$	相同	$T_2 = T_1$	直接传输	$i_{12} = 1$

一对齿轮传动只能得到一个固定的传动比，得到一种输出转速，构成一个挡位。手动变速器通常采用多组大小不同的齿轮啮合传动，构成多个不同的挡位。对应不同的挡位，均有不同的传动比，从而得到各种不同的输出转速。

2. 变向原理

齿轮啮合传动分内啮合传动和外啮合传动。手动变速器中使用的通常是外啮合齿轮，外啮合的一对齿轮传动，两齿轮旋向相反；一对内啮合齿轮传动，输入轴与输出轴转向相同。

知识点 6 手动变速器齿轮传动机构的工作过程

1. 齿轮传动机构的作用

实现改变转速和转矩，改变运动方向和运动形式等功能。

2. 齿轮传动机构的组成

以 M32-6 手动变速器为例。这款手动变速器是一款 6 速全同步 3 轴变速器，如图 2-2-4 所示。

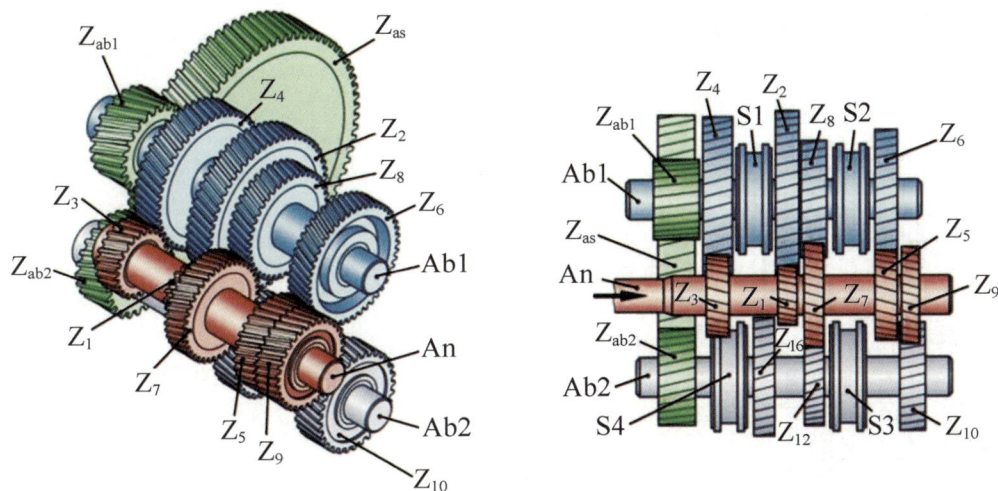

图 2-2-4 M32-6 手动变速器

Ab1—下主轴；An—输入轴；Ab2—上主轴；Z_1——挡齿轮；Z_2——挡齿轮；Z_3—二挡齿轮；Z_4—二挡齿轮；Z_5—三挡齿轮；Z_6—三挡齿轮；Z_7—五/六挡齿轮；Z_8—五挡齿轮；Z_9—四挡齿轮；Z_{10}—四挡齿轮；Z_{12}—六挡齿轮；Z_{16}—倒挡齿轮；Z_{ab1}—下主轴输出齿轮；Z_{ab2}—上主轴输出齿轮；Z_{as}—主减速器从动齿轮；S1——/二挡同步器；S2—三/五挡同步器；S3—四/六挡同步器；S4—倒挡同步器

3. 各挡位动力传递情况

各挡位动力传递情况如表 2-2-2 所示。

表 2-2-2 各挡位动力传递情况

示意图	各挡位动力传递情况
	一挡： 　　一挡/二挡同步器 S1 向右滑动，与下主轴一挡齿轮 Z_2 相结合。 动力路线为： 　　输入轴 An—输入轴常一挡齿轮 Z_1—下主轴一挡齿轮 Z_2—下主轴 Ab1
	二挡： 　　一挡/二挡同步器 S1 向左滑动，与下主轴二挡齿轮 Z_4 相结合。 动力路线为： 　　输入轴 An_____ _____
	三挡： 　　三挡/五挡同步器 S2 向右滑动，与下主轴三挡齿轮 Z_6 相结合。 动力路线为： 　　输入轴 An—输入轴常三挡齿轮 Z_5—下主轴三挡齿轮 Z_6—下主轴 Ab1
	四挡： 　　四挡/六挡同步器 S3 向右滑动，与上主轴四挡齿轮 Z_{10} 相结合。 动力路线为： 　　输入轴 An_____ _____

续表

示意图	各挡位动力传递情况
	五挡： 三挡/五挡同步器 S2 向左滑动，与下主轴五挡齿轮 Z_8 相结合。 动力路线为： 输入轴 An—输入轴常五挡齿轮 Z_7—下主轴三挡齿轮 Z_8—下主轴 Ab1
	六挡： 四挡/六挡同步器 S3 向左滑动，与上主轴六挡齿轮 Z_{12} 相结合。 动力路线为： 输入轴 An＿＿＿＿＿＿＿＿＿＿＿＿＿＿＿＿＿＿
	倒挡： 倒挡同步器 S4 向右滑动，与下主轴倒挡齿轮 Z_{16} 相结合。 动力路线为： 输入轴 An—输入轴常一挡齿轮 Z_1—下主轴一挡齿轮 Z_2—上主轴倒挡齿轮 Z_{16}—上主轴 Ab2

知识点 7 手动变速器操纵机构的工作过程

1. 操纵机构的作用

手动变速器操纵机构的作用是根据汽车使用的条件，驾驶员可随时将变速器换上或摘下某个挡位，实现换挡。

2. 操纵机构的类型

❓ 思考：什么布置形式采用直接操纵式？什么布置形式采用远距离操纵式？

根据变速器变速杆与变速器的相互位置的不同，变速器操纵机构可分为直接操纵式和远距离操纵式两种类型。

直接操纵式，如图 2-2-5 所示。一般来说，发动机前置后轮驱动汽车的变速器距离驾驶员座位较近，换挡杆等外操纵机构多集中安装在变速器盖上，其结构简单、操纵容易且准确。

远距离操纵式，如图 2-2-6 所示。一般来说，发动机后置后轮驱动的汽车的变速器距离驾驶员座位较远，变速杆和变速器之间通常需要用连杆机构连接来进行远距离的操纵。

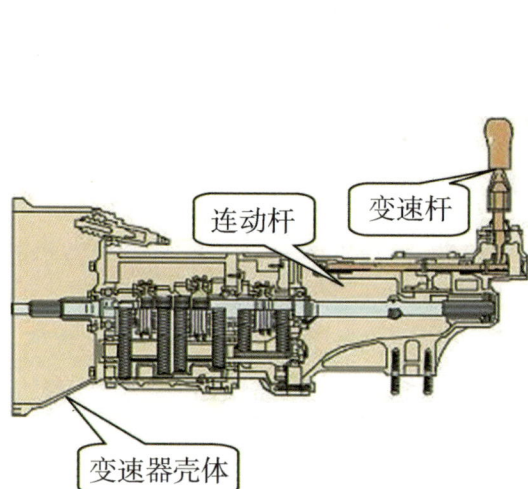

图 2-2-5   直接操纵式

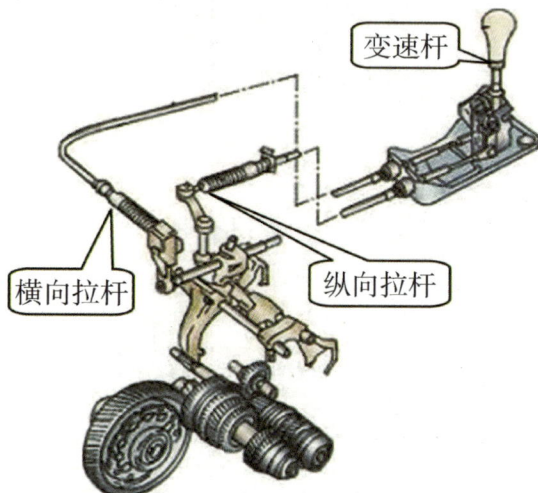

图 2-2-6   远距离操纵式

3. 操纵机构的组成

请联系上下文，补充图 2-2-7 所缺的部件名称。

手动变速器操纵机构主要由拨叉、拨叉轴、互锁销、自锁钢球、自锁弹簧、换挡杆等组成，如图 2-2-7 所示。

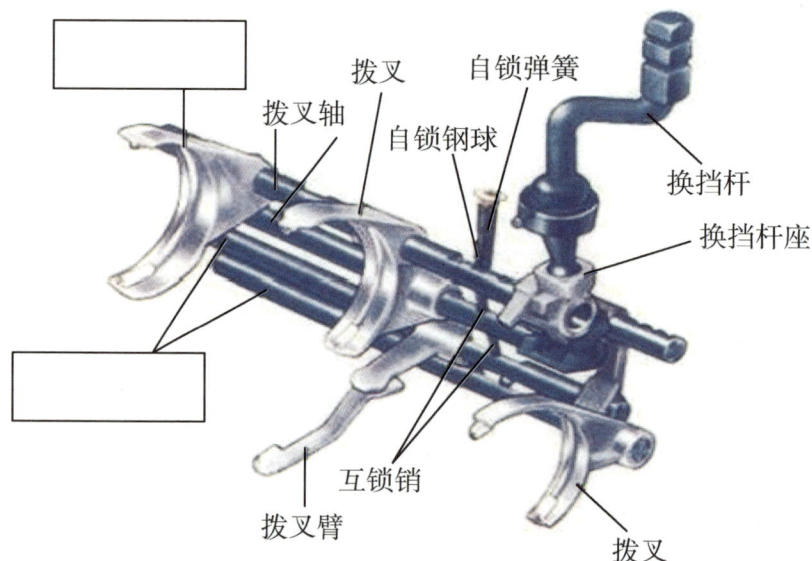

图 2-2-7   手动变速器的操纵机构

4. 对操纵机构的性能要求

变速器不应自行挂挡或自行脱挡，同时应保证挂挡传动时，齿轮、接合套或同步器的接合套花键以全齿进行啮合，且应由自锁装置来保证，如图 2-2-8 所示。

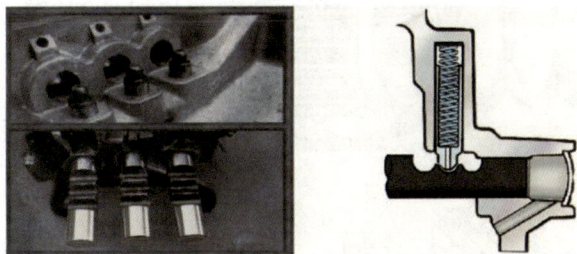

图 2-2-8　自锁装置

变速器在工作中不应同时挂入两个挡，应由互锁装置来保证，如图 2-2-9 所示。此外，防止误挂倒挡，应由倒挡锁来保证。

图 2-2-9　互锁装置

知识点 8　同步器

❓ 思考：手动挡车辆在行驶过程中，会根据不同的车速，变换不同的挡位，那么变换的一瞬间是哪些部件协同工作的呢？

1. 同步器的作用

①使接合套与待啮合的齿轮迅速达到同步；②阻止在同步之前轮齿进行啮合；③防止产生接合齿圈之间的冲击；④缩短换挡时间，迅速完成换挡操作；⑤延长齿轮寿命。

2. 同步器的分类

同步器按工作原理可分为常压式、惯性式和自动增力式三种，现在广泛使用的是惯性式同步器。

惯性式同步器根据锁止机构不同，可分为锁环式和锁销式两种。

锁环式惯性同步器，如图 2-2-10 所示（桑塔纳 2000 型轿车三、四挡锁环式惯性同步器）。锁销式惯性同步器，如图 2-2-11 所示（EQ1092 型汽车五挡变速器四、五挡锁销式惯性同步器）。

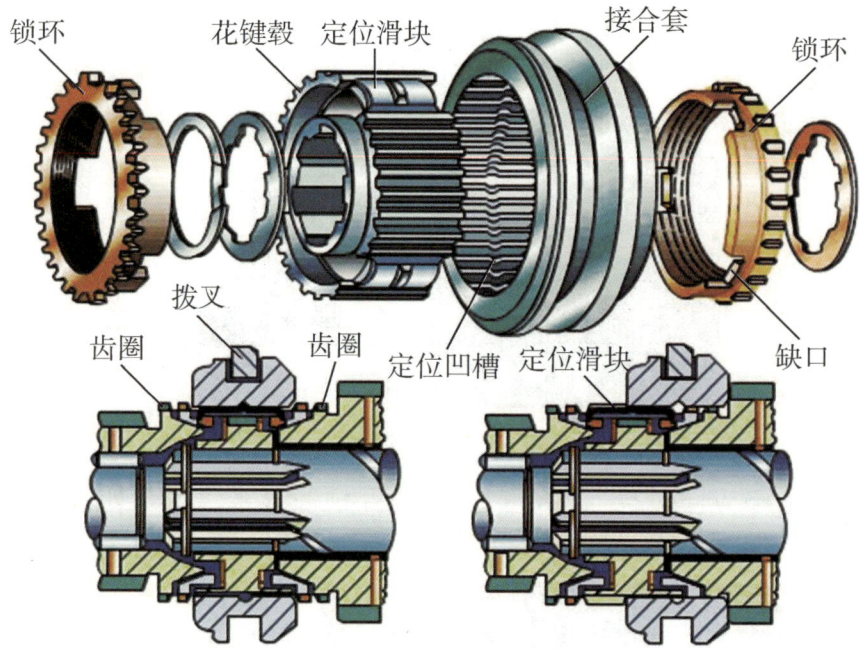

图 2-2-10   锁环式惯性同步器

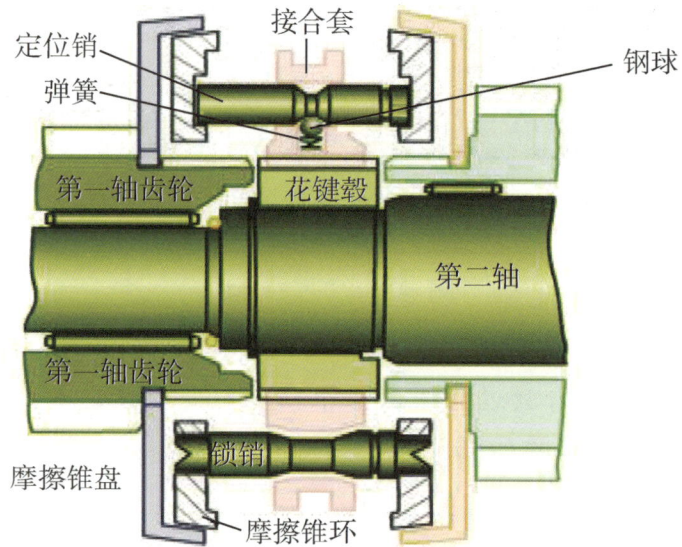

图 2-2-11   锁销式惯性同步器

课中实践

一   能力测评

二　工作任务

1. 任务分组

班级：　　　　　　　组号：　　　　　　　指导老师：

组长：　　　　　　　承担任务：

姓名	承担任务	姓名	承担任务

2. 任务实践

作业内容	图　解	技术提要
1. 拆下主减速侧端盖及油封		1. 固定螺栓数量 4 个 2. 对角预松 3. 套筒要选对，否则螺栓容易损坏
2. 拆下并取下主减速下端盖		1. 固定螺栓数量：4 个大号、6 个小号 2. 对角预松 3. 套筒要选对，否则螺栓容易损坏 4. 先拆卸小号螺栓，再拆卸大号螺栓
3. 取下主减速器总成及轴承、垫片		1. 左、右手指插入两端轴承内，取下总成件 2. 主减速器较重，要轻拿轻放 3. 左侧有垫片，安装时不要装反

续表

作业内容	图　解	技术提要
4. 拆卸并取下换挡机构		1. 固定螺栓数量 2 个 2. 对角预松 3. 取出部件时注意有密封圈，勿损坏 4. 套筒要选对，否则螺栓容易损坏 5. 先拆卸小号螺栓，再拆卸大号螺栓
5. 拆下并取下倒车灯触电开关		1. 固定螺栓为 22 号，数量 1 个 2. 工具要选对，否则螺栓容易损坏，建议选用开口扳手
6. 拆下并取下变速器端盖		1. 固定螺栓数量 16 个 2. 先对角预松 3. 套筒要选对，否则螺栓容易损坏 4. 取下端盖时要扶稳，不要带出传动轴

续表

作业内容	图　　解	技术提要
7. 取下下主轴总成及三四、倒挡拨叉总成		1. 两手托住下主轴总成及三四、倒挡拨叉总成，同时从变速器壳体中抽出 2. 下主轴总成及三四、倒挡拨叉总成较重，要小心不要掉落 3. 取下下主轴总成及三四、倒挡拨叉总成时会带出输入轴总成，需要两人配合
8. 取下输入轴总成		1. 两手托住输入轴总成，同时从变速器壳体中抽出 2. 取下输入轴总成时会带出上主轴总成及一二、五六挡拨叉总成，需要两人配合
9. 取下上主轴总成及一二、五六挡拨叉总成		1. 两手托住上主轴总成及一二、五六挡拨叉总成，同时从变速器壳体中抽出 2. 上主轴总成及一二、五六挡拨叉总成较重，要小心不要掉落

续表

作业内容	图　解	技术提要
10. 安装上主轴总成及一二、五六挡拨叉总成		1. 两手托住上主轴总成及一二、五六挡拨叉总成，同时装入变速器壳体中 2. 勿将上主轴总成及一二、五六挡拨叉总成装错位置 3. 上主轴总成及一二、五六挡拨叉总成较重，要小心不要掉落
11. 安装输入轴总成		1. 两手托住输入轴总成，同时装入变速器壳体中 2. 装入输入轴总成时确保其与上主轴的齿轮啮合到位，否则将影响后续操作
12. 安装下主轴总成及三四、倒挡拨叉总成		1. 两手托住下主轴总成及三四、倒挡拨叉总成，同时装入变速器壳体中 2. 下主轴总成及三四、倒挡拨叉总成较重，要小心不要掉落 3. 装入下主轴总成及三四、倒挡拨叉总成时确保其与输入轴的齿轮啮合到位
13. 安装变速器端盖		1. 固定螺栓数量 16 个，扭矩为 20N·m 2. 先对角预紧，后上扭矩 3. 套筒要选对，否则螺栓容易损坏
14. 安装换挡机构		1. 固定螺栓数量 2 个，扭矩为 20N·m 2. 先对角预紧，后上扭矩 3. 套筒要选对，否则螺栓容易损坏

作业内容	图　　解	技术提要
15. 安装倒车灯触电开关		1. 倒车灯开关螺栓扭矩为 35N·m 2. 工具要选对，否则螺栓容易损坏
16. 安装主减速器总成及轴承、垫片		1. 左、右手指插入两端轴承内，安装总成件 2. 主减速器较重，要轻拿轻放 3. 左侧有垫片，安装时不要装反
17. 安装主减速下端盖		1. 固定螺栓数量 4 个，扭矩为 20N·m，角度为 45° 2. 先对角预紧，后上扭矩和角度 3. 固定螺栓数量 6 个，扭矩为 20N·m 4. 套筒要选对，否则螺栓容易损坏
18. 安装主减速下端盖左侧油封		1. 左侧油封要均匀的压入规定位置中 2. 勿用力挤压油封
19. 安装主减速侧端盖及油封		1. 固定螺栓数量 4 个，扭矩为 20N·m 2. 先对角预紧，后上扭矩 3. 套筒要选对，否则螺栓容易损坏

续表

作业内容	图 解	技术提要
20. 5S 工作		1. 按工位图进行复位 2. 按要求做好 5S 工作 3. 安全工作，树立服务人民、绿色生产、敬业奉献的理念

3. 实施总结

组内分工	
熟练运用	
存在的问题	
改进的措施	

三　学习目标达成情况

序号	学习内容（知识、技能、行为习惯、职业素养）	评价标准			
		了解知道	理解掌握	指导下操作	独立操作

课后延伸

一　理论测试

二　任务实施巩固

要求：对操作过程用思维导图方法进行总结。

任务3   自动变速器的认识

任务案例

雪佛兰品牌4S店的维修部接到一辆轿车。据称，该车车主接到4S店售后电话，售后提醒其车辆已满4年，公里数也已到了需要更换变速器油液的时间，建议其到店进行保养。针对此情况客户便来到店里做了相应的保养维护。

课前导入

同学们，为了完成本次工作任务，请在课前利用多种途径查阅资料预习相关知识点，也可扫一扫右方二维码进行课前学习，熟悉相关应知应会知识点，并完成以下学习任务。

课前学习资料

知识点 1   自动变速器的作用

❓ 思考：相对于手动挡的车辆，自动挡的车辆驾驶起来有何不同？

_____

_____

_____

自动变速器的作用：

（1）能够根据发动机负荷和车速等情况自动变换传动比，使汽车拥有良好的动力性和燃料经济性，并减少发动机排放污染；

（2）换挡平滑，无冲击和振动，噪声小；

（3）操纵轻便，在车辆拥挤时，可大大提高车辆行驶的安全性及可靠性。

知识点 2   自动变速器的分类

1. 按齿轮变速系统的控制方式分

（1）液控液动自动变速器

在手控制阀位置选定后，由反映节气门开度的节气门阀和反映车速的调速器阀把节气门开度和车速转变为液压信号。在换挡点,这些液压信号直接控制换挡阀进行换挡,如图 2-3-1 所示。

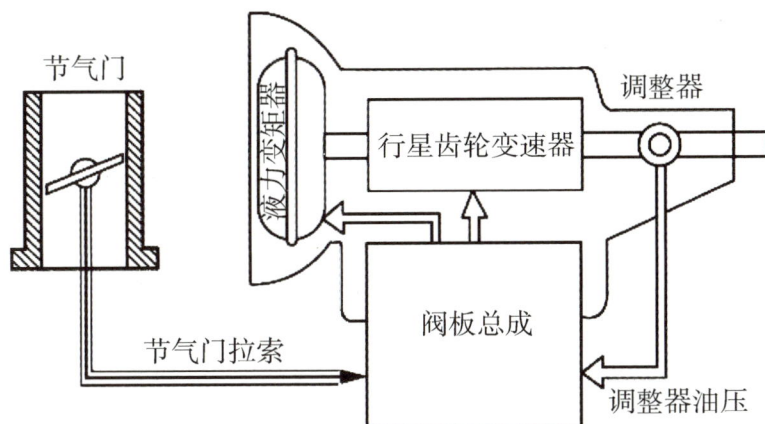

图 2-3-1 液控液动自动变速器

(2)电控液动自动变速器

在手控制阀位置选定后,由反映节气门开度的节气门位置传感器和反映车速的车速传感器把节气门开度和车速转变为电信号。这些电信号输入 ECU(电控单元),由 ECU 控制液压阀和液压执行机构进行换挡,如图 2-3-2 所示。

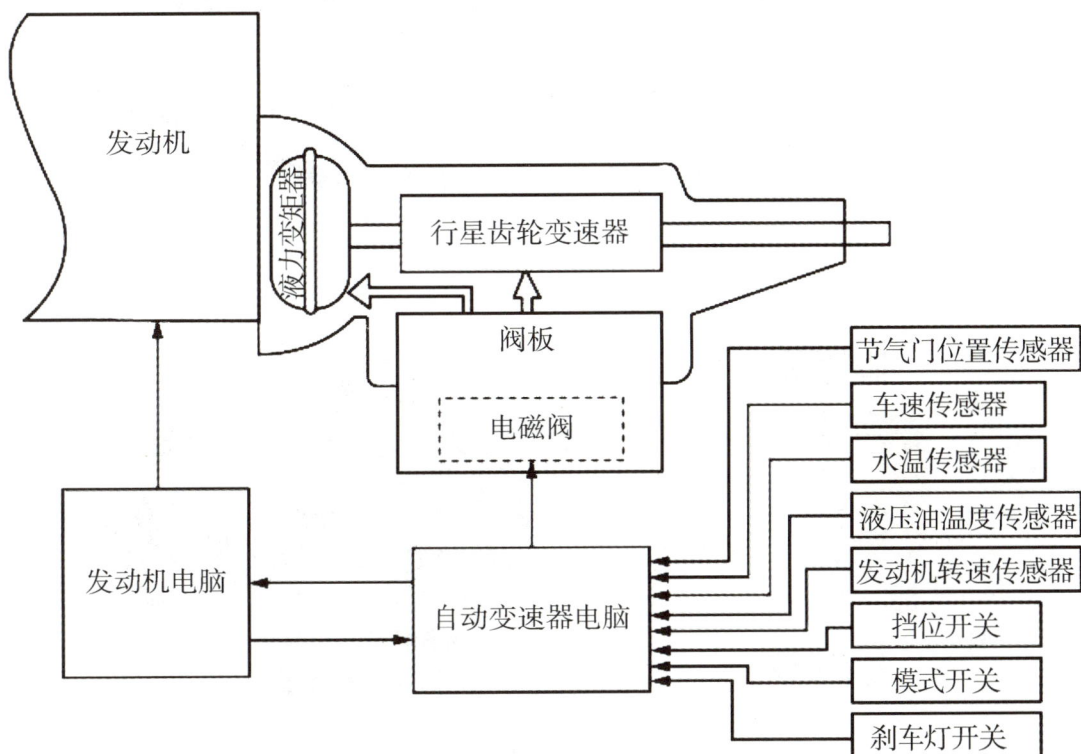

图 2-3-2 电控液动自动变速器

2. 按传动方式分

(1)普通齿轮式自动变速器:体积较大,最大传动比较小,只有少数几种车型使用(如本田雅阁轿车)。

（2）行星齿轮式自动变速器：结构紧凑，能获得较大的传动比，被绝大多数轿车采用。

（3）金属带式自动变速器：大多用于无级变速。

3. 按变矩器的类型分

（1）无锁止离合器的变矩器

早期的变矩器中没有锁止离合器，在任何情况下都是以液力的方式传递发动机动力，因此传动效率较低。

（2）有锁止离合器的变矩器

新型轿车自动变速器大都采用有锁止离合器的变矩器，当汽车达到一定车速时，控制系统使锁止离合器接合，液力变矩器输入部分和输出部分连成一体，发动机动力以机械传递的方式直接传入齿轮变速器，从而提高了传动效率，降低了汽车的燃油消耗量。

4. 按驱动方式分

按汽车驱动方式的不同，自动变速器可分为：后轮驱动自动变速器（FR）、前轮驱动自动变速器（FF），如图 2-3-3、图 2-3-4 所示。

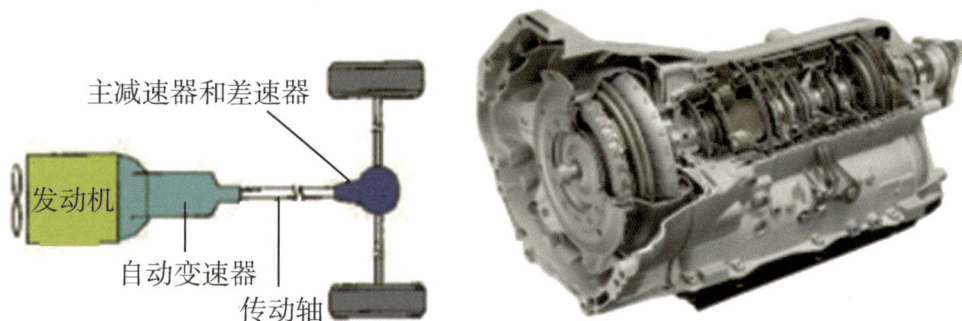

图 2-3-3　后轮驱动自动变速器（FR）

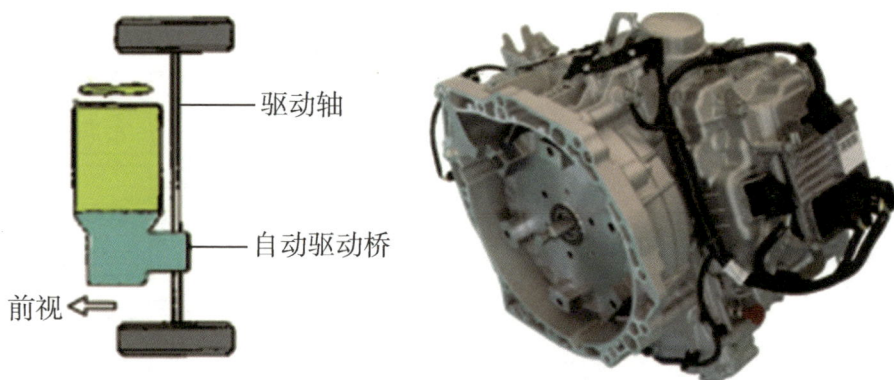

图 2-3-4　前轮驱动自动变速器（FF）

5. 其他类型的自动变速器

其他类型的自动变速器外形如图 2-3-5 所示。

（a）横置前驱型 　　　　　（b）L形前驱型 　　　　　（c）纵置前驱型

（d）后驱型 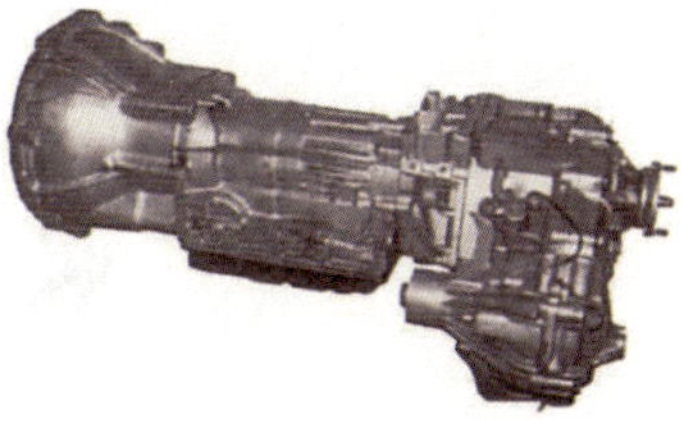　　　　　　（e）四驱型 　　　　　　（f）全时四驱型

图 2-3-5　其他类型的自动变速器外形

知识点 3　自动变速器的组成

根据以下知识点的描述，完成图中箭头所指位置对应的部件名称。

自动变速器是一个由机械、电子－液压控制系统组成的封闭装置。它由液力变矩器、油泵、齿轮变速机构、液压控制系统等组成，如图 2-3-6 所示。

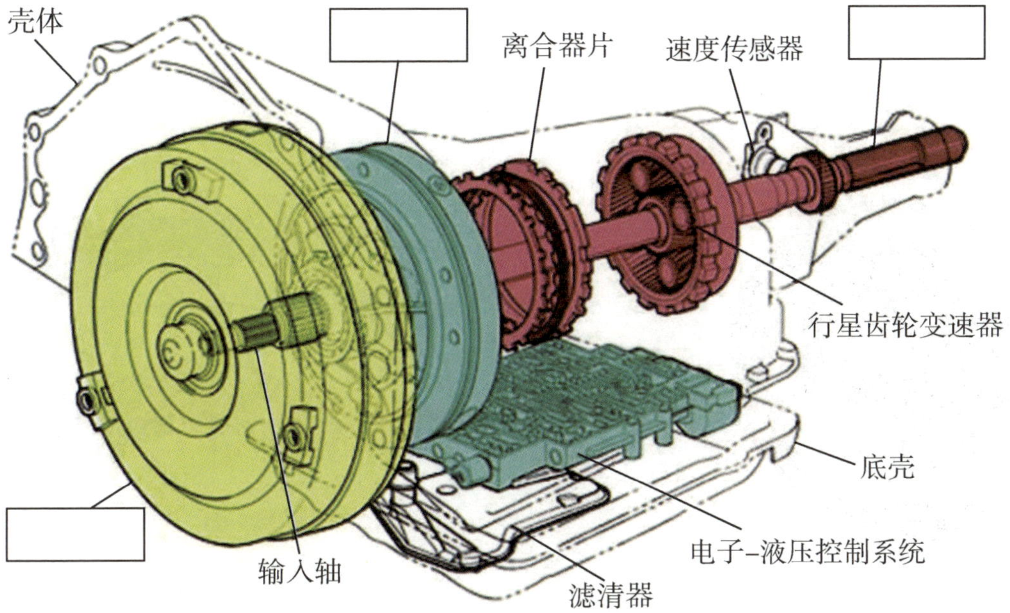

图 2-3-6　自动变速器的组成

1. 液力变矩器

液力变矩器主要由泵轮、导轮、涡轮、单向离合器、锁止离合器组成。安装在发动机

飞轮上时，它可取代机械离合器。其作用是，将发动机的转矩通过油液传递给变速器的齿轮变速机构。

（1）泵轮：泵轮与变矩器壳连成一体，其内部径向装有许多扭曲的叶片，叶片内缘则装有让变速器油液平滑流过的导环。变矩器壳体与曲轴后端的驱动盘相连接。液力变矩器泵轮随曲轴转动，泵轮相当于离合器中的主动盘，如图 2-3-7 所示。

（2）导轮：导轮位于泵轮与涡轮之间，通过单向自由轮安装在与变速器壳连接的导管轴上。它由许多扭曲叶片组成，内装有单向离合器，如图 2-3-8 所示。

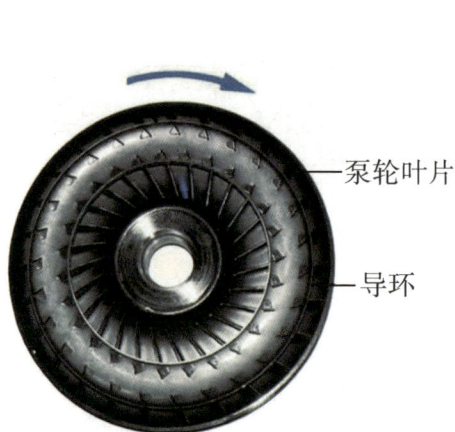

图 2-3-7　泵轮实物图

图 2-3-8　导轮工作原理图

（3）涡轮：涡轮上也装有许多叶片，但涡轮叶片的扭曲方向与泵轮叶片的扭曲方向相反。涡轮中心由花键孔与变速器输入轴相连，涡轮相当于离合器中的从动盘，如图 2-3-9 所示。

（4）单向离合器：单向离合器的作用是，只允许在一个方向上的运动，有相反方向的则锁止。如图 2-3-10、图 2-3-11 所示。

图 2-3-9　涡轮实物图

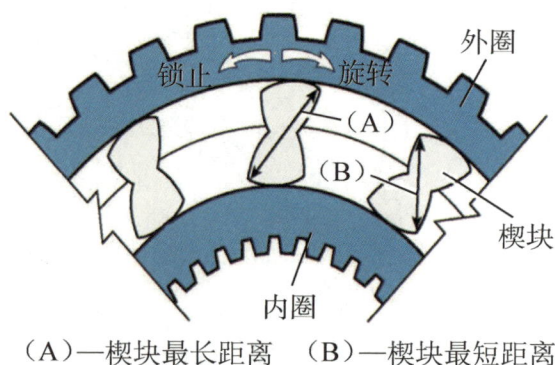

（A）—楔块最长距离　（B）—楔块最短距离

图 2-3-10　楔块式单向离合器

（5）锁止离合器：进入耦合工况后，由于没有增扭作用，涡轮得到的扭矩应是曲轴的输出扭矩，但实际过程中并没有 100% 传递动力，这使燃油经济性下降。所以，在液力变矩器中设置锁止离合器，使其在高速工作的情况下用机械方式连接泵轮和涡轮，如图 2-3-12 所示。

1—外圈 2—内圈 3—滚珠 4—弹簧
（a）   （b）

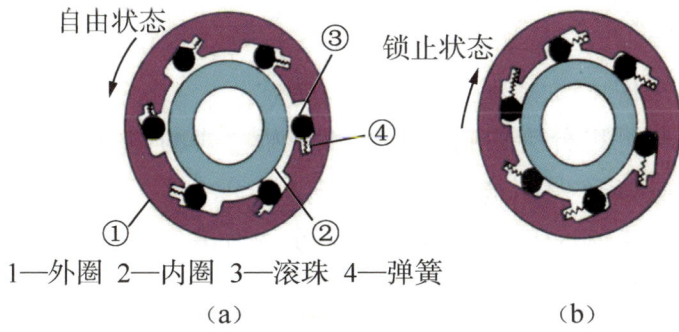

图 2-3-11 单向离合器的工作状态

图 2-3-12 锁止离合器

2. 油泵

油泵是自动变速器内所有液压油的动力源，它使液压油产生一定的压力和流量，供给液力变矩器和液压自动操纵系统所需的液压油，并保证各摩擦副的润滑需要。安装位置位于液力变矩器和变速器之间。

常用的油泵类型：齿轮泵、转子泵和叶片泵。详见表 2-3-1。

表 2-3-1 油泵类型及特点

油泵类型	示意图	特点
齿轮泵		结构：由主动齿轮、从动齿轮、月牙隔板、泵体、端盖、进油腔、出油腔、螺钉等组成 优点：尺寸小、质量轻、流量脉动小、噪声小
转子泵		结构：由外转子、转子轴、内转子和壳体组成 优点：结构简单、尺寸紧凑、噪声小、运转平稳、高速性能良好等 缺点：流量脉冲大，加工精度要求高
叶片泵		结构：由定子、转子、叶片、进油口及出油口组成 优点：运转平稳、噪声小、泵油流量均匀、容积效率高等 缺点：结构复杂，对液压油的污染比较敏感

3. 齿轮变速机构

齿轮变速机构有普通齿轮和行星齿轮两种。大多数自动变速器采用行星齿轮变速机构。在现代汽车自动变速器中，行星齿轮机构十分复杂，有多种类型。

按照齿轮啮合方式不同，行星齿轮机构可以分为内啮合式的和外啮合式的。

按照齿轮的排数不同，行星齿轮机构可以分为单排的和多排的。

按照太阳轮和齿圈之间的行星齿轮组数不同，行星齿轮机构可以分为单行星齿轮式和双行星齿轮式。行星齿轮机构包括一个太阳轮、行星架（包括若干个行星小齿轮）和一个齿圈。如图 2-3-13、图 2-3-14 所示。

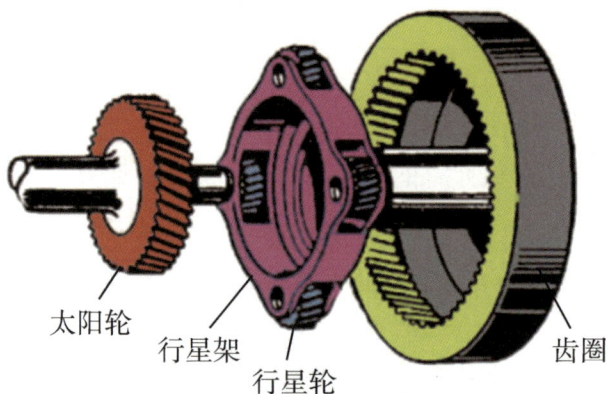

图 2-3-13　单行星齿轮机构

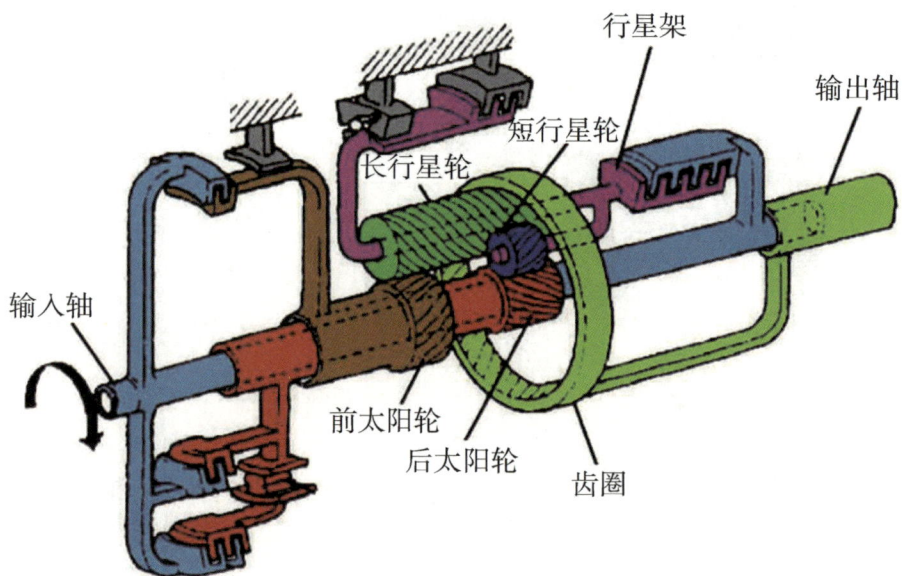

图 2-3-14　双行星齿轮机构

4. 液压控制系统

在自动变速器液压控制系统中，工作介质是自动变速器油，系统由控制元件和执行元件组成。

控制元件由主油路压力调节阀、节气门阀、调速阀、手控阀和控制油路等组成。

执行元件由换挡阀、多片离合器和制动带等组成。

基本油压：主油路压力、节气门阀压力和调速阀压力。它们之间相互配合控制自动变速器的升挡和降挡。

节气门对应的节气门阀产生节气门油压；速控阀产生与车速相对应的速控油压；换挡阀控制换挡油路；控制系统的工作油压在换挡阀的控制下通过高挡油路进入变速机构，使自动变速器挂上高挡，或通过低挡油路进入变速机构，使自动变速器挂上低挡。如图 2-3-15 所示。

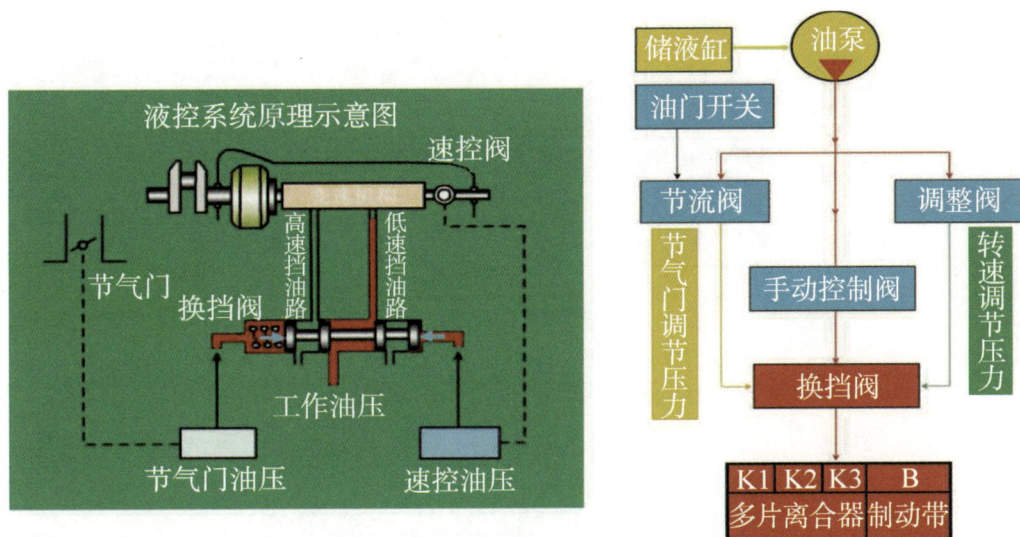

图 2-3-15　液压控制系统原理图

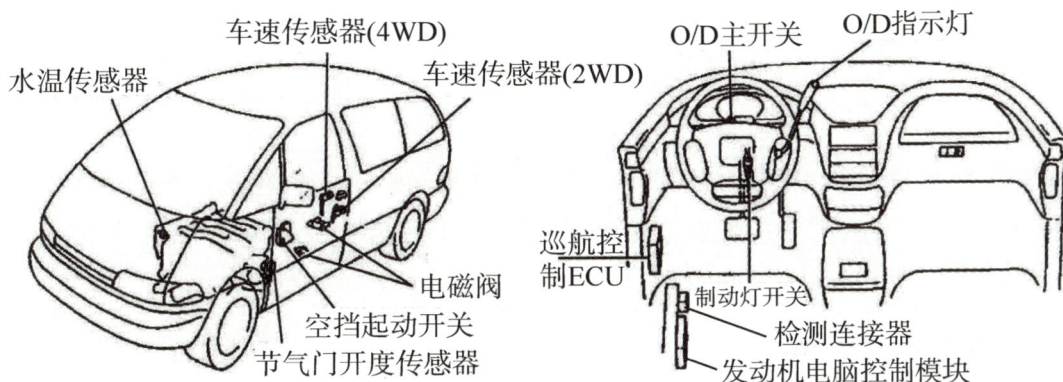

图 2-3-16　电子控制系统元件位置

知识点 4　自动变速器的工作原理

❓ 思考：动力从发动机传递到自动变速器还是离合器呢？

液力变矩器利用液体的流动，将来自发动机的扭矩传递给齿轮传动机构，同时，液压控制系统根据行驶需要(节气门开度、车速等信号)来操纵离合器、制动器等执行元件，且通过齿轮传动机构获得相应的传动比和旋转方向，自动实现变速换挡。在以上过程中，扭矩增大、节气门的开度及车速信号对液压控制装置的操纵、齿轮传动机构传动比和旋转方向的改变，都是在变速器内部自动进行的，不需要驾驶员操作。上述过程如图 2-3-17 所示。

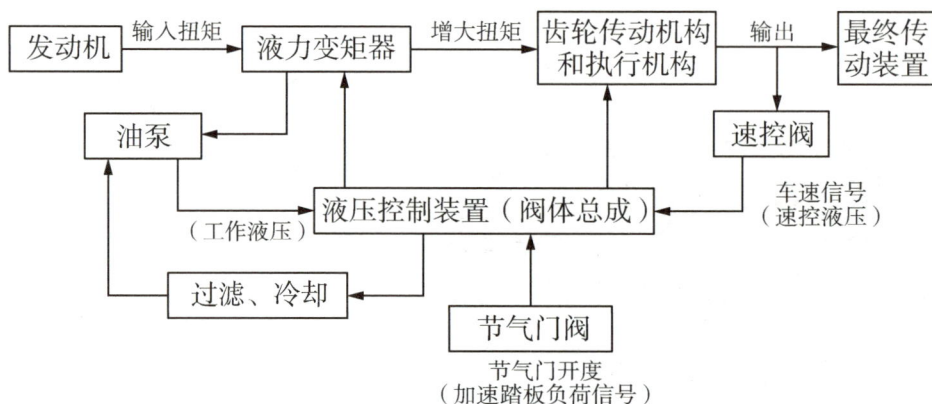

图 2-3-17   自动变速器的工作原理

知识点 5   自动变速器单级行星齿轮传动机构的工作过程

❓ 思考：机械基础中学到过行星齿轮传动机构属于周转轮系还是定轴轮系呢？为什么呢？

在单级行星齿轮机构中的三个基本元件(太阳轮、齿圈和行星架)中任选两个，分别作为主动件和从动件，而使另一个固定不动或转速为某一定值时，整个轮系即以一定的传动比传递动力。

1. 行星架固定

行星架固定时，有两种工作过程，如表 2-3-2、图 2-3-18、图 2-3-19 所示。

表 2-3-2   行星架固定

固定	输入	输出	变速	传动比 i	方向
行星架	太阳轮	齿圈	降速	$i>1$	反向
	齿圈	太阳轮	升速	$i<1$	反向

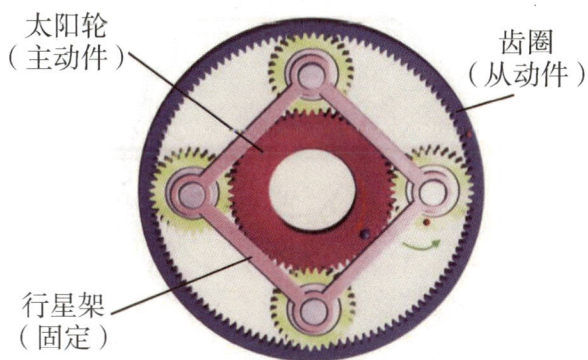

图 2-3-18　行星架固定(太阳轮主动)

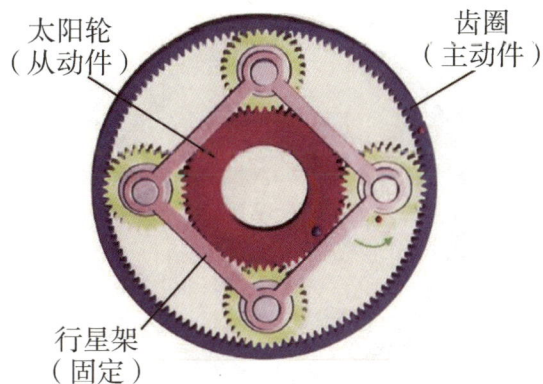

图 2-3-19　行星架固定(齿圈主动)

2. 太阳轮固定

太阳轮固定时，有两种工作过程，如表 2-3-3、图 2-3-20、图 2-3-21 所示。

表 2-3-3　太阳轮固定

固定	输入	输出	变速	传动比 i	方向
太阳轮	齿圈	行星架	降速	$i>1$	同向
	行星架	齿圈	升速	$i<1$	同向

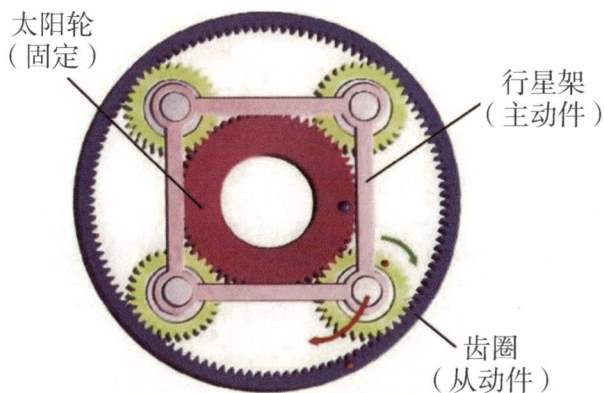

图 2-3-20　太阳轮固定(行星架主动)

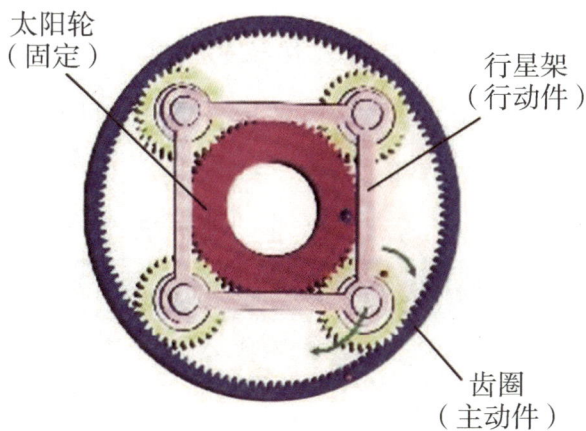

图 2-3-21　太阳轮固定(齿圈主动)

3. 齿圈固定

齿圈固定时，有两种工作过程，如表 2-3-4、图 2-3-22、图 2-3-23 所示。

表 2-3-4　齿圈固定

固定	输入	输出	变速	传动比 i	方向
齿圈	太阳轮	行星架	降速	$i>1$	同向
	行星架	太阳轮	升速	$i<1$	同向

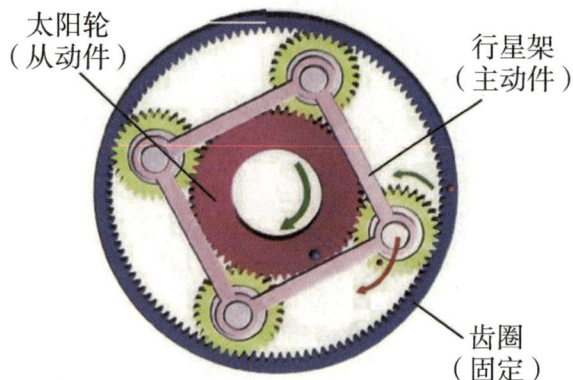

图 2-3-22   齿圈固定(行星架主动)

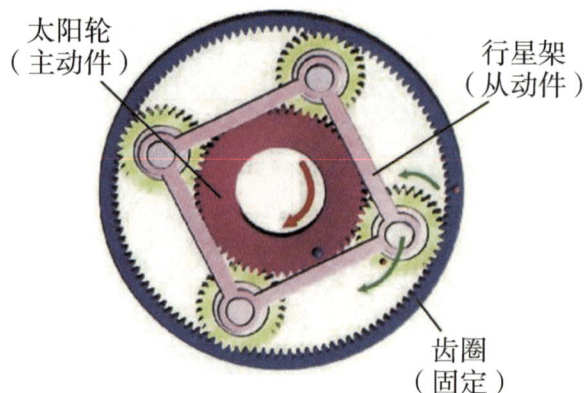

图 2-3-23   齿圈固定(太阳轮主动)

若三元件中任意两个元件固定,直接传动,传动比 $i=1$。

若三元件中无固定元件,则自由转动,不传递动力。

知识点 6   自动变速器的挡位

❓ 思考:在等红绿灯怠速时,带有手动变速器的汽车应将挡位挂入哪个挡位等待?

_____

_____

1. 自动变速器挡位的功能

自动变速器的挡位因车型的不同而稍有差别,其中主要挡位的含义及功能说明如表 2-3-5 所示。

表 2-3-5   自动变速器主要挡位的含义及功能

挡位	含义	功能
P	驻车挡	在驻车或起动发动机时使用
R	倒车挡	在倒车时选用
N	空挡	发动机起动时选用
D	前进挡	汽车在一般工况下正常行驶时选用
2	只能在一、二挡之间切换	当需要瞬间加速或轻度发动机制动时选用
L	只在一挡内工作	在上陡坡时选用,以获得较大的驱动力

2. 自动变速器的正确操作

(1)起动

自动变速器汽车必须严格按照规定的操作方法进行起动,以免发生意外。

注意事项：

①起动前，必须将驻车制动器操纵杆拉紧，必须将选挡杆置于 P 位或 N 位，否则发动机无法起动。必须将制动踏板踩下，然后转动点火开关起动发动机，准备起步。

②汽车行驶途中熄火时，必须等汽车停稳后将选挡杆置于 P 位或 N 位，才可起动。为了防止将选挡杆拨到 R 位，突然倒车，最好在熄火时选用 N 位起动，这样比较安全。但是此时必须确认一下踩住的是制动踏板而不是油门，这样就不会发生瞬间起步现象。

（2）起步

起动前要踩住制动踏板，前行时选挡杆由 P 位或 N 位换入 D 位；倒车时则由 P 位换入 R 位。与此同时，应确认仪表板上挡位指示灯是否正确。起步时，需要慢慢松开制动踏板，以利于汽车蠕动，缓慢起步。

注意事项：

①踩住制动踏板后再换挡，并确认选挡杆的位置是否正确。

②起步时发动机转速不要过高，尤其在冬季，这会导致强烈的蠕动和冲击，造成急速起步。

③在起步越过凸起或台阶时，在汽车静止状态下，左脚稍放松，右脚稍踩下加速踏板，待越过时立即抬起右脚并同时轻踩下制动踏板，以防车辆晃动。

（3）超车

超车时需要将加速踏板迅速踩到底。此时自动变速器会降低一个或两个挡位，来获得加速效果，车速提高后应该立即稍松开一些加速踏板。

（4）上下坡

如果坡度不是很陡，挡位置于 D 位就可以了；如果坡度较陡，则必须将选挡杆从 D 位移到 2 位或 L 位。

（5）雪天或雪地行驶

此时不能急加速、急降挡，以防车辆产生滑移现象，保持低速稳速行驶。当前方有坑时需提前更换好挡位。有模式选择的车辆，应选择冬季模式或雪地模式。

（6）拖车

如果是发动机或变速器发生故障不能行驶时，需要使用其他车辆进行拖带。若是后轮驱动的汽车，建议将传动轴拆除；若是前轮驱动的汽车，建议将两个前驱动轮架起，以免对发动机或变速器造成损坏。一般拖车时的行驶里程最远不超过 80km，最高行驶车速不超过 30km/h。

（7）临时停车

应根据不同情况采取不同的操作方法。

注意事项：

①等待交通时间比较短且选挡杆在 D 位时，只用脚制动停车即可。

②等待交通时间比较长且选挡杆在 D 位时，最好同时使用脚制动和手制动，以免汽车向前冲发生意外。

③临时停车较长时，必须拉起驻车制动器操纵杆并将选挡杆置于 N 位，同时放松脚制动。

（8）停放和倒车入库

此时是很容易发生意外交通事故的。因为此时需要对选挡杆和加速踏板进行重复操作，从而导致误操作的概率增大。

注意事项：

①倒车入库时，要在车辆完全停止后才能将选挡杆移到 R 位。

②停车时不得来回划动操纵杆，尤其禁止在行驶中将变速杆拨入 N 挡或在下坡时用空挡滑行，这会导致变速器执行元件润滑不良，甚至严重损坏等后果。

③利用自动变速器汽车的蠕动特性，不踩加速踏板而用脚制动来控制车辆缓慢移动，等汽车停稳后，才能把操纵杆拨向 P 位，否则会损坏锁止机构。

特别注意事项：

当变速器出现异常或故障指示灯点亮时，请立即停止使用，进行检修。

课中实践

一　能力测评

二　工作任务

1. 任务分组

班级：　　　　　　组号：　　　　　　指导老师：

组长：　　　　　　承担任务：

姓名	承担任务	姓名	承担任务

2. 任务实践

作业内容	图　解	技术提要
1. 车辆的基本防护		1. 使车辆位于举升机位的正常举升初始位置 2. 安装车轮挡块 3. 拉紧驻车制动器 4. 安装三件套
2. 举升和顶起车辆		1. 举升车辆时，将车轮举升至离地面合适的位置 2. 如果支撑垫块位置摆放不到位，则易出现车辆倾斜，有侧翻的危险 3. 举升机用完后要锁死 4. 如果支撑垫块位置摆放不正确，则易将车辆底壳顶得变形
3. 拆下放油螺栓		1. 放油螺栓规格为 1/8-27NPTF 2. 将放油螺栓旋松即可 3. 拆卸放油螺栓时一定要选用合适的工具
4. 将变速箱油排入合适的容器中		1. 用手旋出变速器放油螺栓，放到工作台上 2. 严禁戴手套进行放油螺栓的拆装作业 3. 如果手上沾上油应及时清洗 4. 用手旋出放油螺栓时要小心机油的喷溅 5. 注意放油螺栓方向，避免旋错
5. 安装放油螺栓		1. 螺栓紧固至 12N·m 2. 先带紧，后上扭矩 3. 勿用棘轮扳手紧固螺栓

作业内容	图　解	技术提要
6. 降下车辆		1. 按住举升机控制器上的"下降"按钮 2. 将车辆下降到相应的高度或完全降下后锁止 3. 在车辆下降的过程中，不允许在车辆下部或车辆周围进行任何其他作业 4. 完全降下举升机时举升机板条位要降到最低位置，使车轮完全着地
7. 用自制的漏斗加注变速器油液		1. 用自制的漏斗将油液从加注口倒入变速器内 2. 采用放油螺塞的方式进行油液更换，加注容量范围为 4.5～5.5 升 3. 加注的油液型号、用量参照维修手册
8. 安装油液加注口盖		1. 用手将油液加注口盖旋紧 2. 注意加注口盖的旋向
9. 起动发动机		1. 踩离合器时，一定要踩到底 2. 起动发动机时，若一次没起动成功，等 5s 后可再次起动，切勿连续起动 3. 手刹手柄一定要放到位，勿出现半刹状态 4. 起动车辆前一定要踩住刹车踏板 5. 起动发动机的时间不宜过长
10. 踩下制动踏板并将换挡杆挂到每个挡位		1. 踩下制动踏板并将换挡杆挂到每个挡位，且在每个挡位停顿 3s。然后将换挡杆挂回驻车挡(P) 2. 使发动机以 500～800r/min 的速度急速运行至少 3min，从而使油液泡沫消散、油位稳定 3. 松开制动踏板

作业内容	图　解	技术提要
11. 观察变速器油温度		1. 变速器油温度（TFT）为 5～95℃时，必须检查变速器油位 2. 如果自动变速器油温不在上述温度区域时，会导致变速器油加注不足或加注过量
12. 用举升机举升车辆		1. 举升车辆时，将车轮举升至离地面合适的位置 2. 支撑垫块位置摆放不到位时，易出现车辆倾斜，有侧翻的危险 3. 举升机用完后要锁死 4. 支撑垫块位置摆放不正确时，易将车辆底壳顶得变形
13. 拆下油位螺栓		1. 车辆怠速运行时，拆下油位螺栓 2. 油位螺栓规格为 1/8-27NPTF 3. 拆卸油位螺栓一定要选用合适的工具
14. 检查油液量及颜色		1. 如果油液稳定地流出，则等待，直到油液开始滴落 2. 如果没有油液流出，则添加油液直到有油液滴落 3. 油液应为红色或深棕色： （1）如果油液颜色很深或发黑还有烧焦味，则检查油液中是否有过多的金属微粒或其他碎屑； （2）如果在油液中发现大片物质或金属微粒，则冲洗油液冷却器和冷却器管路，然后彻底检修变速箱； （3）若油液呈现出絮状或乳液状或看起来像是被水污染，则表示发动机冷却液或冷却水污染

续表

作业内容	图　解	技术提要
15. 安装油位螺栓并检查是否有泄漏		1. 螺栓紧固至 12N·m 2. 先带紧，后上扭力 3. 检查有无油液渗漏 4. 勿用棘轮扳手紧固螺栓
16. 5S 工作		1. 收起翼子板布、前格栅布，放到规定位置，盖上发动机舱盖 2. 收起三件套，丢弃至指定垃圾箱中 3. 拔出钥匙，锁好车门，钥匙放回指定位置 4. 清洁车辆、地面及工具 5. 树立绿色生产、敬业奉献的理念

3. 实施总结

组内分工	
熟练运用	
存在的问题	
改进的措施	

三　学习目标达成情况

序号	学习内容(知识、技能、行为习惯、职业素养)	评价标准			
		了解知道	理解掌握	指导下操作	独立操作

▶▶ 课后延伸

一　理论测试

二　任务实施巩固

要求：对操作过程用思维导图方法进行总结。

任务 4　万向传动装置的检修

检修案例

雪佛兰科鲁兹 4S 店的维修部接到一辆维修轿车，车主描述当车刚起步或者改变车速时，感觉车的底盘会传出"吭"的响声，而当车缓慢行驶的时候，会传出"咣当咣当"的响声。维修人员试车后，怀疑该车万向节松旷。作为未来的汽车维修工，针对此故障需要对万向节进行相关检修。

课前导入

同学们，为了完成本次工作任务，请在课前利用多种途径查阅资料预习相关知识点，也可扫一扫右方二维码进行课前学习，熟悉相关应知应会知识点，并完成下面 3 个学习任务。

课前学习资料

知识点 1　万向传动装置的组成

万向传动装置主要由万向节、传动轴和中间支承组成。安装时必须使传动轴两端的万向节叉处于同一平面。在图和表格上分别填写各部分的名称或序号。

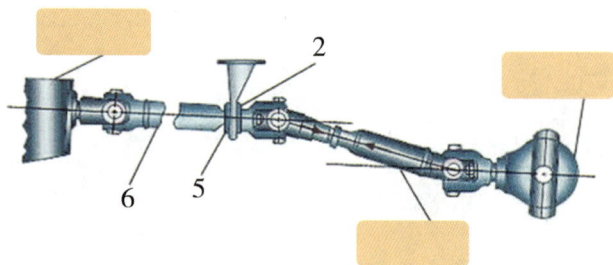

序号	名称	序号	名称
1	变速器	4	后传动轴
2		5	
3	后驱动桥	6	

知识点 2　万向节的类型

万向节是转轴与转轴之间实现变角度传递动力的基本部件。按其在扭转方向上是否有明显的弹性，可分为刚性万向节和挠性万向节，汽车上应用较多的是刚性万向节。

名称	示意图
—————— 万向节	
—————— 万向节	十字轴　传动轴叉 卡环 万向节叉　轴承
—————— 万向节	
—————— 万向节	锁止销 定位销 从动叉　传动钢球 主动叉 定心钢球
—————— 万向节	主动轴　保持架（球笼）　球形壳（外滚道） 钢带箍　星形套（内滚道） 外罩 钢带箍　钢球 卡环　钢球 星形套（内滚道） 保持架（球笼） 球形壳（外滚道）

续表

名称	示意图
——— 万向节	筒形壳（外滚道）　保持架（球笼）　星形套（内滚道）　主动轴　钢球
——— 万向节	1—螺丝；2—橡胶；3—中心钢球；4—黄油嘴；5—传动凸缘；6—球座

知识点 3　传动轴的组成

传动轴是万向传动装置中的主要传力部件，通常用来连接变速器（或分动器）和驱动桥，而在转向驱动桥和断开式驱动桥中，传动轴则用来连接差速器和驱动车轮。

在图和表格上分别填写各部分的名称或序号。

序号	名称	序号	名称
1		6	伸缩套
2		7	滑动花键槽
3		8	回油管
4	万向节叉	9	
5		10	传动轴管

>> **课中实践**

一　能力测评

[QR code]

二　工作任务

1. 任务分组

班级：　　　　　　组号：　　　　　　指导老师：

组长：　　　　　　承担任务：

姓名	承担任务	姓名	承担任务

3. 任务实践

作业内容	图　解	技术提要
1. 举升并妥善支撑车辆		1. 驾驶车辆，将车辆驶上举升工位 2. 车辆停放周正，车辆重心在举升机中心 **注意事项：** 1. 驾驶车辆时，一定要由有驾照的工作人员操作，并确保学生和车辆安全 2. 要有人员辅助提醒
2. 拆下轮胎和车轮总成		按要求规范拆下轮胎和车轮总成

作业内容	图　　解	技术提要
3. 临时固定制动盘		安装两个带耳螺母至车轮双头螺栓上固定制动盘，并紧固至规定扭矩_____ N·m
4. 拆卸车轮驱动轴螺母		1. 在车轮驱动轴上做好装配标记 2. 先用_____扭力扳手对车轮驱动轴螺母卸力 3. 再用快速扳手拧下车轮驱动轴螺母
5. 拆卸左前轮速度传感器螺栓	速度传感器螺栓	选用合适的扳手拆卸左前轮速度传感器螺栓
6. 拆卸转向传动机构外转向横拉杆螺母	外转向横拉杆螺母	1. 先用_____扭力扳手对转向传动机构外转向横拉杆螺母卸力 2. 再用快速扳手拧下转向传动机构外转向横拉杆螺母
7. 将球节从转向节上拆下		使用 CH-49455 球节拆卸工具将转向传动机构外转向横拉杆从转向节上分离

作业内容	图　解	技术提要
8. 拆卸下球节螺栓	下球节螺栓 螺栓螺母	1. 选用合适的梅花扳手和开口扳手 2. 开口扳手固定下球节螺栓，梅花扳手将螺栓螺母逆时针拧松
9. 分离车轮驱动轴与转向节	转向节 车轮驱动轴	1. 两人相互配合操作，佩戴纱线手套 2. 一人将转向节整体向外向上拉，另一人将车轮驱动轴分离
10. 拆卸车轮驱动轴		1. 在差速器正下方放置塑料桶收集变速驱动桥油 2. 使用滑锤和半轴拆卸工具将车轮驱动轴从车辆上拆下 **注意事项：** 废旧的变速器驱动桥油必须进行专业回收，切勿随地排放，否则会对环境造成严重危害
11. 更换新的前轮驱动轴卡环	驱动轴卡环	更换时切勿使新的驱动轴卡环变形或损坏
12. 将车轮驱动轴安装到差速器内		1. 小心地将车轮驱动轴安装到差速器内直至卡环完全就位，抓住内壳并往外拉，确认前轮驱动轴卡环正确就位 2. 用抹布擦拭外部遗留下的变速驱动桥油

续表

作业内容	图　　解	技术提要
13. 将前轮驱动轴安装至转向节		1. 两人相互配合操作，佩戴纱线手套 2. 一人将整个转向节向外向上拉，另一人将车轮驱动轴安装至转向节
14. 将外转向横拉杆总成安装至转向节，并紧固外转向横拉杆螺母		安装外转向横拉杆螺母，拧紧力矩为_____N·m
15. 安装下球节螺栓		1. 选用合适的梅花扳手和预置式扭力扳手 2. 梅花扳手固定下球节螺栓，预置式扭力扳手将紧固螺栓螺母顺时针拧紧，拧紧力矩为_____N·m
16. 安装左前轮速度传感器螺栓		紧固左前轮速度传感器螺栓，拧紧力矩为_____N·m

续表

作业内容	图　解	技术提要
17. 安装新的车轮驱动轴螺母		1. 安装新的车轮驱动轴螺母至车轮驱动轴且分 3 遍紧固至_____ N·m 2. 将车轮驱动轴螺母松开 45° 3. 将车轮驱动轴螺母重新紧固至_____ N·m 4. 对照车轮驱动轴螺母上的装配标记
18. 拆卸车轮螺母		1. 先用指针式扭力扳手对车轮螺母卸力 2. 再用快速扳手拧下车轮螺母
19. 安装轮胎和车轮总成并降下车辆		按要求规范安装轮胎和车轮总成
20. 检查变速驱动桥油位	油液加注口	1. 在发动机关闭的情况下预加注变速器油 2. 发动机运行且变速器油温度为 70～80℃ 的条件下进行变速器油位的校正检查

续表

作业内容	图　解	技术提要
21. 工作场地整理	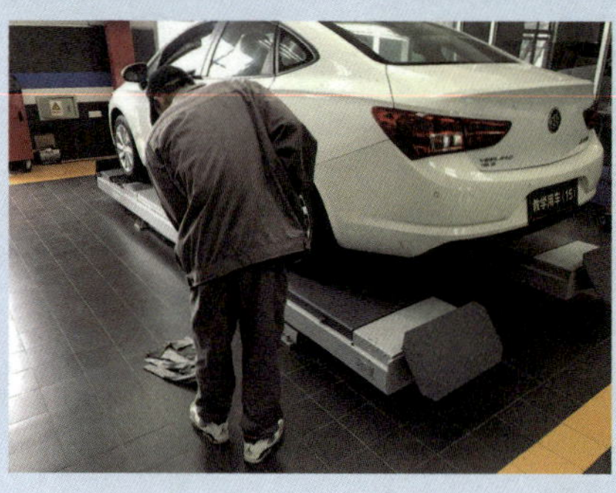	1. 依次收起翼子板布和前格栅布，放回原位 2. 收回车轮挡块 3. 清洁车身、地面等 4. 整理车间，关闭用电设备开关

3. 实施总结及反思

三　学习目标达成情况

序号	学习内容（知识、技能、行为习惯、职业素养）	评价标准			
		了解知道	理解掌握	指导下操作	独立操作

续表

课后延伸

一　理论测试

二　任务实施巩固

提示：可以用思维导图法对操作过程进行总结或回顾操作过程中的主要步骤。

任务5　驱动桥的检修

检修案例

　　雪佛兰科鲁兹4S店的维修部接到一辆维修轿车，车主描述当车进行低速大角度转向时底盘会传出"咕咕"的异响，而直线行驶时未发现有异响。

　　维修人员试车后，发现上述现象确实存在，怀疑该车的差速器有问题。作为未来的汽车维修工，针对此故障需要对差速器进行相关检修。

课前导入

　　同学们，为了完成本次工作任务，请在课前利用多种途径查阅资料预习相关知识点，也可扫一扫右方二维码进行课前学习，熟悉相关应知应会知识点，并完成下面3个学习任务。

课前学习资料

知识点 1　驱动桥的组成

　　驱动桥是传动系统的最后一个总成，如下图所示，一般由主减速器、差速器、半轴和桥壳等组成。其中，主减速器和差速器是其主要部件。

　　在图和表格上分别填写各部分的名称或序号。

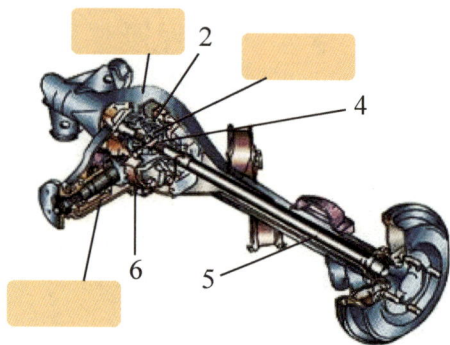

序号	名称
1	后桥壳
2	
3	差速器行星齿轮
4	
5	
6	
7	主减速器主动小齿轮

知识点 2　半轴的类型

　　半轴的受力情况由半轴和驱动轮在桥壳上的支承形式决定。现代汽车基本上会采用全浮式半轴支承和半浮式半轴支承两种形式。

在图和表格上分别填写各部分的名称或序号。

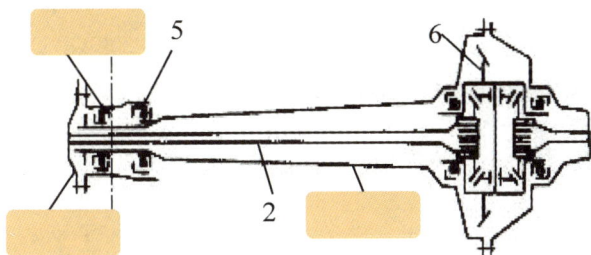

序号	名称	序号	名称
1	桥壳	4	半轴凸缘
2		5	
3	轴承	6	

知识点 3　主减速器的类型

目前，轿车和一般轻、中型货车均采用单级主减速器。它具有结构简单、体积小、质量轻和传动效率高等优点。

有些汽车需要较大的主减速器传动比，单级主减速器已不能满足有足够的离地间隙的要求，这就需要采用由两对齿轮降速的双级主减速器。

分类方式	类型	特点
按_____分	_____主减速器	通常由一对螺旋锥齿轮或一对准双曲面齿轮组成，其主减速比为 3.5～6.5，结构简单、质量轻、体积小、传动效率高，在轿车和中、轻型货车上应用最多，如 BJ2020、EQ1090E 采用的都是单级主减速器
	_____主减速器	主传动比较大的主减速器通常采用两对齿轮传动，以提高刚度，增大汽车最小离地间隙
按_____分	_____式	传动比是固定的
	_____式	有两个传动比供驾驶员选择，以满足不同行驶条件的需要
按_____分	_____式	一般采用斜齿轮，广泛应用于发动机横置且前置前轮驱动的轿车驱动桥和双级主减速器贯通式驱动桥
按_____分	_____式	在同样的传动比下，采用螺旋锥齿轮传动的主减速器结构比采用直齿传动的主减速器的结构紧凑，且运转平稳，噪声较小
	_____式	工作平稳性好，齿轮的弯曲强度和接触强度高。具有主动齿轮的轴线相对从动齿轮轴线偏移的特点，从而降低车身重心高度，提高汽车行驶稳定性

课中实践

一 能力测评

二 工作任务

1. 任务分组

班级： 组号： 指导老师：

组长： 承担任务：

姓名	承担任务	姓名	承担任务

2. 任务实践

作业内容	图　解	技术提要
1. 准备东风EQ1090E型主减速器总成		将主减速器总成放置稳妥
2. 在支承轴承盖和轴承座上做装配标记		使用钢尺和油性笔在_____上做好装配标记

作业内容	图　解	技术提要
3. 旋出总成两端的调整螺母		1. 拆下锁片紧固螺栓，取下锁片 2. 旋出调整螺母
4. 拆卸支承轴承盖和轴承座紧固螺栓		先用_____扭力扳手对轴承座紧固螺栓卸力，再用快速扳手拧下紧固螺栓
5. 取出差速器总成		将差速器总成小心放置在工作台上，注意轴承座圈不能丢失
6. 检查主减速器的从动齿轮		检查齿轮的齿面是否损伤或磨损过度，齿面磨损过大或轮齿破损等应更换
7. 检查主减速器的主动齿轮		检查齿轮的齿面是否损伤或磨损过度，齿面磨损过大或轮齿破损等应更换
8. 在主减速器的主动齿轮上涂红丹油		在主动齿轮 3 处齿面上涂上一层薄薄的红丹油

续表

作业内容	图　解	技术提要
9. 安装差速器总成并紧固轴承座紧固螺栓		1. 将支承轴承盖装配标记对正 2. 安装轴承座紧固螺栓 3. 拧紧力矩为_____ N·m
10. 旋上调整螺母		初步旋上调整螺母
11. 正、反向转动主动齿轮		对从动锥齿轮稍施加阻力并正、反向转动主动齿轮数圈，观察从动锥齿轮上的啮合印痕
12. 观察主减速器的从动齿轮齿面上的啮合印痕，调整总成两端的调整螺母，直至啮合间隙符合要求		1. 接触面应位于齿高的中部且接近小端，并占齿宽60%以上 2. 调整方法可概括为：顶进主、根出主、大进从、小出从 3. 调整后，安装锁片，紧固锁片紧固螺栓

3. 实施总结及反思

三　学习目标达成情况

序号	学习内容(知识、技能、行为习惯、职业素养)	评价标准			
		了解知道	理解掌握	指导下操作	独立操作

课后延伸

一　理论测试

二　任务实施巩固

提示：可以用思维导图法对操作过程进行总结或回顾操作过程中的主要步骤。

项目❸

转向系统的构造与检修

项目描述

　　按照汽车电源系统检修的要求，学习蓄电池和发电机的基础知识，结合维修手册制订电源系统维修方案，规范进行常见故障的检测与维修。

学习目标

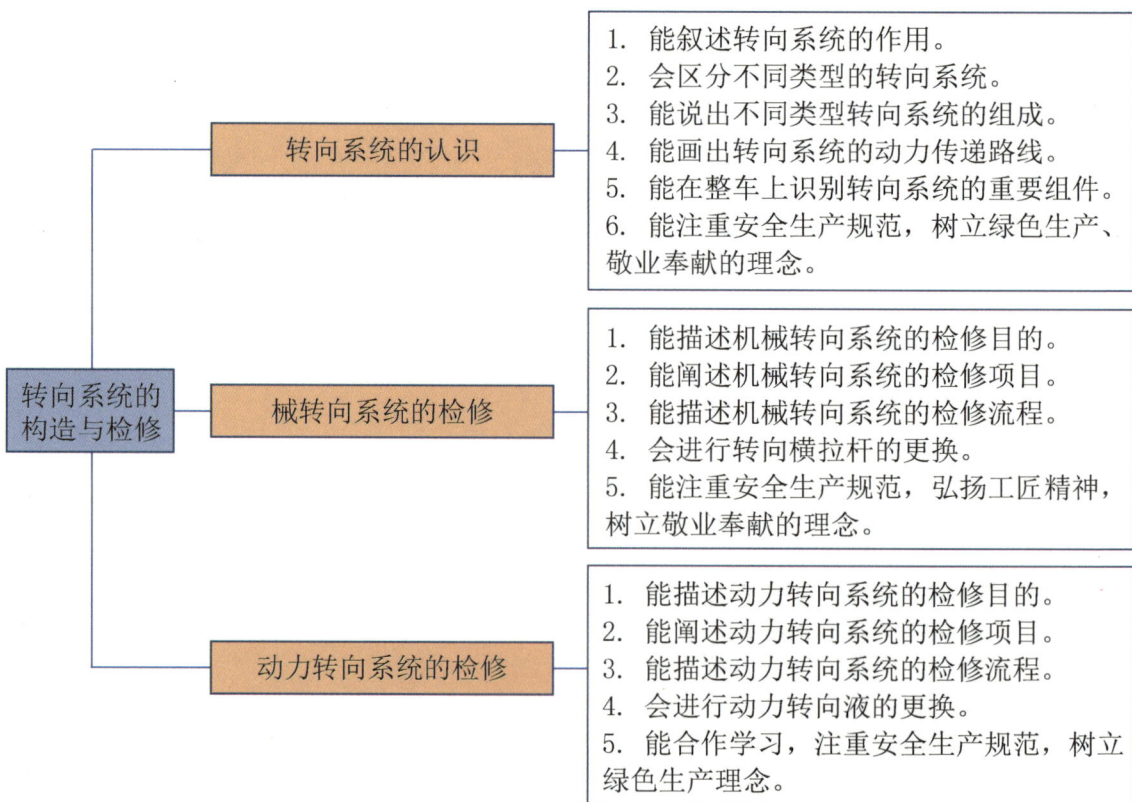

| 转向系统的认识 | 1. 能叙述转向系统的作用。
2. 会区分不同类型的转向系统。
3. 能说出不同类型转向系统的组成。
4. 能画出转向系统的动力传递路线。
5. 能在整车上识别转向系统的重要组件。
6. 能注重安全生产规范，树立绿色生产、敬业奉献的理念。 |

转向系统的构造与检修

| 械转向系统的检修 | 1. 能描述机械转向系统的检修目的。
2. 能阐述机械转向系统的检修项目。
3. 能描述机械转向系统的检修流程。
4. 会进行转向横拉杆的更换。
5. 能注重安全生产规范，弘扬工匠精神，树立敬业奉献的理念。 |

| 动力转向系统的检修 | 1. 能描述动力转向系统的检修目的。
2. 能阐述动力转向系统的检修项目。
3. 能描述动力转向系统的检修流程。
4. 会进行动力转向液的更换。
5. 能合作学习，注重安全生产规范，树立绿色生产理念。 |

任务 1　转向系统的认识

检修案例

　　来自福建的车主詹女士投诉，其购买的某品牌轿车，在行驶途中仪表突然出现助力失效标识，随后方向盘无法转动，差点导致车毁人亡。詹女士第一时间将车辆拖至4S店，经检测后发现故障依旧出在转向机总成上。

　　转向系统好坏直接关系到行驶安全，完成本任务后，我们将会对转向系统有全面的认识。

课前导入

　　同学们，为了完成本次工作任务，请在课前利用多种途径查阅资料预习相关知识点，也可扫一扫右方二维码进行课前学习，熟悉相关应知应会知识点，并完成下面 4 个知识点的学习。

课前学习资料

知识点 1　转向系统的作用

　　在汽车行驶的过程中，驾驶员需要根据道路状况频繁地改变其行驶方向，因此对于轮式汽车而言，转向系统要能够使与转向桥相连的车轮相对于汽车的纵轴线偏转一定的角度，从而实现车辆转向。故转向系统的作用如下：

（1）_____

（2）_____

（3）_____

（4）_____

知识点 2　转向系统的分类

　　根据转向动力不同，转向系统可以分为机械转向系统和动力转向系统。

1. 机械转向系统

以驾驶人的体力（手力）作为转向能源的转向系统，其中所有传力件都是机械的，如图 3-1-1 所示。

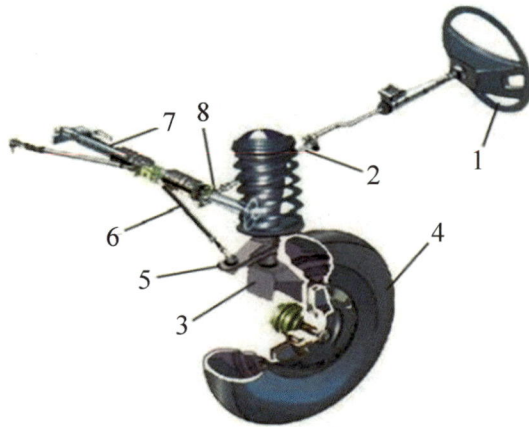

图 3-1-1　机械式转向系统

1—转向盘；2—安全转向轴；3—转向节；4—转向轮；

5—转向节臂；6—转向横拉杆；7—转向减振器；8—机械转向器

优点：结构简单，成本低，维修方便，路感强。

缺点：操纵费力，驾驶舒适性差，坑洼路面会出现转向盘"打手"的现象。

2. 动力转向系统

兼用驾驶人体力和发动机（或电机）的动力为转向能源的转向系统。它是在机械转向系统的基础上加设一套转向加力装置而形成的。

目前常用的动力转向系统有液压助力转向系统、电子液压助力转向系统和电动助力转向系统三大类。

名称	示意图	特点
液压助力转向系统	储油罐；转向助力泵；转向柱；动力缸；护罩；转向传动轴；横拉杆；回油管；护罩；球头	
电子液压助力转向系统	转向执行机构与机械液压助力相同；电子泵	

名称	示意图	特点
电动助力转向系统	转向拉杆　护罩　转向传动轴　转向柱　转向机　助力电机	_____ _____ _____ _____ _____

知识点 3　转向系统的组成

转向系统由转向操纵机构、转向器和转向传动机构组成。

1. 转向操纵机构

转向操纵机构由转向盘、转向柱、转向管柱等组成。它的作用是将驾驶人转动转向盘的操纵力传给转向器。

（1）转向盘俗称方向盘。为了驾驶人有很好的视野，转向盘上部的空间一般较大。汽车转向盘结构如图 3-1-2 所示。现代汽车的转向盘除了安装有喇叭控制开关和安全气囊外，通常还安装有自动巡航、音响娱乐、车载蓝牙等系统的控制开关。

（2）转向柱和转向管柱。转向轴是将驾驶人作用于转向盘的转向操纵力矩传给转向器的传力轴。它的上部与转向盘固定连接，下部装有转向器。现代汽车的转向柱除装有柔性万向节外，有的还装有能改变转向盘的工作角度（转向轴的传动方向）和高度（转向轴轴向长度）的机构，以方便不同体型驾驶人的操纵。

图 3-1-2　汽车转向盘
1—轮圈；2—轮辐；3—轮毂

（3）碰撞吸能装置。转向盘及转向柱正对驾驶员的胸口，当汽车正面发生剧烈碰撞时，转向盘会对驾驶员造成伤害，因此，转向柱通常设计有碰撞吸能装置。碰撞吸能装置能够在正面碰撞达到一定程度时发生溃缩或者塌陷，以吸收能量，减轻对驾驶员的人身伤害。通常所见的碰撞吸能装置有多种形式，如钢球滚压式（见图 3-1-3）、波纹管式（见图 3-1-4）、栅极管式（见图 3-1-5）。

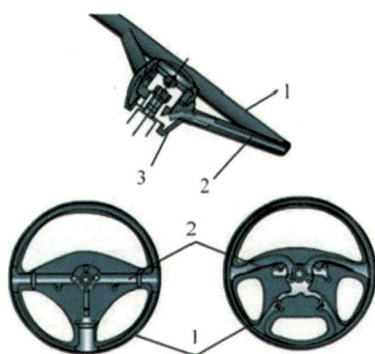

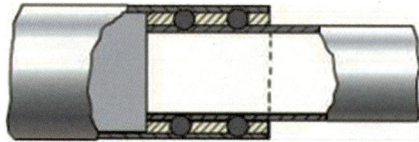

图 3-1-3 钢球滚压式

变形器件：波纹管

图 3-1-4 波纹管式

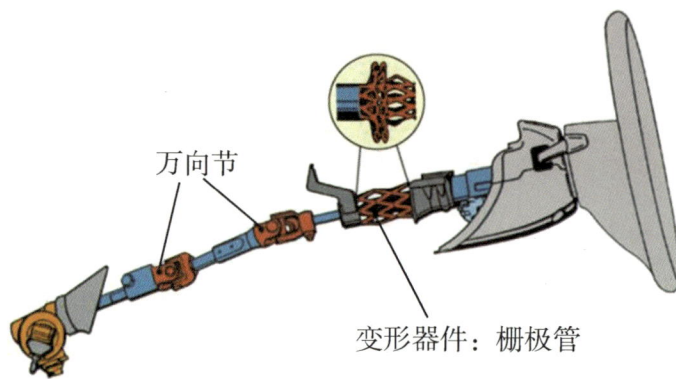

万向节

变形器件：栅极管

图 3-1-5 栅极管式

2. 转向器

转向器是转向系统的减速传动装置，它将转向盘的转动变为齿条轴的直线运动或转向摇臂的摆动，降低运动速度，增大转向力矩，并改变转向力矩的传动方向。目前汽车上广泛使用的转向器有齿轮齿条式和循环球式。

名称	示意图	适用车型	特点
齿轮齿条式转向器		轿车和轻型汽车	
循环球式转向器		货车	

3. 转向传动机构

转向传动机构的作用是将转向器输出的力和运动传给转向桥两侧的转向节，使两侧转向轮偏转以实现汽车转向。转向传动机构的组成和分布因转向器结构形式、安装位置及悬架类型而异。

（1）与非独立悬架配用的转向传动机构

与非独立悬架配用的转向传动机构主要包括转向摇臂、转向主拉杆、转向节臂和转向梯形，如图 3-1-6 所示。

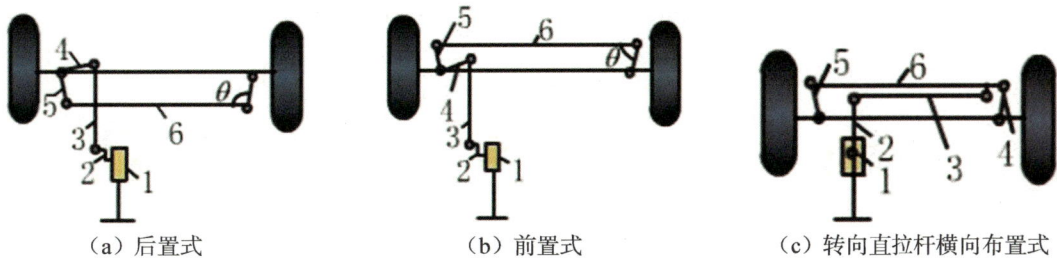

（a）后置式　　　　（b）前置式　　　　（c）转向直拉杆横向布置式

图 3-1-6　与非独立悬架配用的转向传动机构

1—转向器；2—转向摇臂；3—转向直拉杆；4—转向节臂；5—梯形臂；6—转向横拉杆

如图 3-1-6（a）所示，当前桥仅为转向桥时，由左、右梯形臂和转向横杆组成的转向梯形一般布置在前桥之_____。

如图 3-1-6（b）所示，当发动机位置较低或前桥为转向驱动桥时，为避免运动干涉，往往将转向梯形布置在前桥之_____。

如图 3-1-6（c）所示，若转向摇臂是在与路面平行的平面内左右摆动，则可将转向直拉杆横向布置，并借球头销直接带动转向横拉杆，从而使左右梯形臂转动。

（2）与独立悬架配用的转向传动机构

当转向桥采用独立悬架时，每个转向轮都需要相对于车架（或车身）做独立运动，因而转向桥必须是断开式的。与此相应，转向传动机构中的转向梯形也必须是断开式的，分成两段或三段，从而使得独立悬架的转向传动机构要比非独立悬架的转向传动机构复杂。图 3-1-7 所示为两种与独立悬架配用的转向传动机构，且二者都是与齿轮齿条式转向器配用。

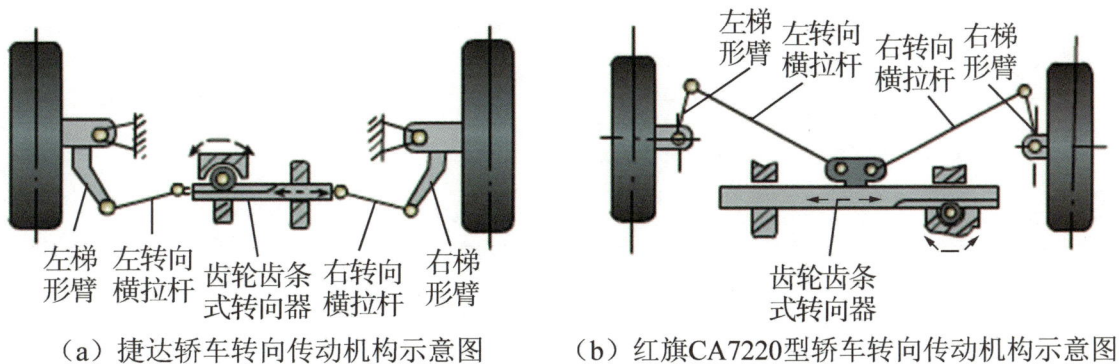

（a）捷达轿车转向传动机构示意图　　　（b）红旗CA7220型轿车转向传动机构示意图

图 3-1-7　与齿轮齿条式转向器相配合的转向传动机构示意图

知/识/点 **4** 转向系统动力传递路线

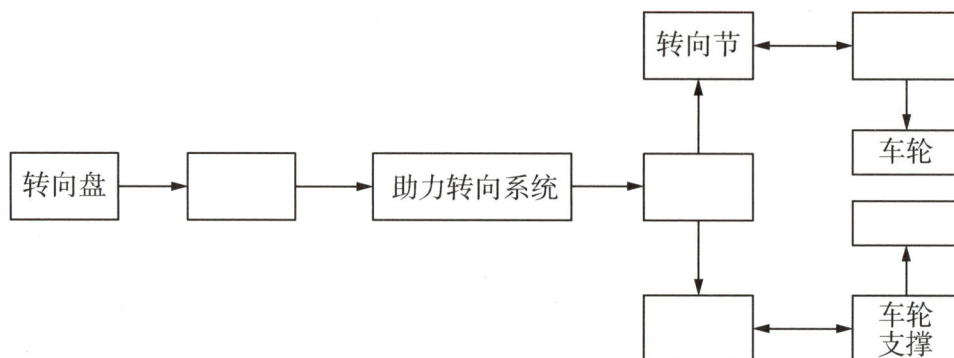

课中实践

一   能力测评

二   工作任务

1. 任务分组

班级：   组号：   指导老师：

组长：   承担任务：

姓名	承担任务	姓名	承担任务

2. 任务实践

作业内容	图解	技术提要
1. 任务准备		1. 工作场景：理实一体化教室 2. 主要设备：教学用车、举升机、手电筒 3. 辅助设备：三件套、抹布、手套、白板、卡片纸、双面胶等
2. 车辆保护		1. 使车辆位于举升机位的正常举升初始位置 2. 安装车轮挡块 3. 拉紧驻车制动器 4. 安装三件套
3. 认识转向盘		1. 认识转向盘周围部件（灯光组合开关、雨刮组合开关、定速巡航操作键、蓝牙操作键、音量调整键等） 2. 认识转向盘下部高度调节开关
4. 转向盘锁止		1. 转动点火开关到"LOCK"熄火，拔下点火钥匙 2. 顺时针方向将方向盘转动约 1/6 圈，方向盘锁止 **注意事项：** 旋转转向盘时，轻轻用力，切忌用力过猛
5. 转向盘解锁		将挡位置于 P 挡，左右旋转转向盘，同时打开_____方向盘解锁 **注意事项：** 旋转转向盘时，轻轻用力，切忌用力过猛

续表

作业内容	图　解	技术提要
6. 认识转向柱		1. 认识转向柱的位置 2. 熟悉转向柱的形状 3. 了解转向柱的组成 4. 左右转动转向盘，观察转向柱的动作 **注意事项：** 要想看到完整的转向柱，必须先拆除转向盘下方的仪表板
7. 认识转向机		1. 观察转向机，无明显损坏、漏油 2. 检查转向机两头密封套，无明显损坏 **注意事项：** 不要把半轴密封套误当为转向机密封套
8. 认识横拉杆		1. 认识左右两个横拉杆 2. 认识横拉杆的连接方式 3. 熟悉横拉杆上面的调整装置 **安全警告：** 在车下作业的时候，注意头部安全防护 **易发问题：** 容易将横拉杆上面的调整装置和锁紧装置混淆
9. 认识转向节		1. 认识转向节 2. 认识转向节与横拉杆连接的球头 3. 检查球头上面的锁销 **安全警告：** 在车下作业的时候，注意头部安全防护

续表

作业内容	图　解	技术提要
10. 认识转向储液罐		1. 降下车辆，认识动力转向液储液罐 2. 仔细观察动力转向液储液罐上面的刻度 3. 认识和储液罐相连接的管路 **注意事项：** 千万不要将其他储液罐和动力转向液的储液罐混淆
11. 认识转向助力泵		1. 认识转向助力泵 2. 认识转向助力泵相关的管路 **注意事项：** 要注意区分转向助力泵、水泵、发电机、压缩机等部件的位置
12. 5S 工作		1. 收起翼子板布、前格栅布，放到规定位置，盖上发动机舱盖 2. 收起三件套，丢弃至指定垃圾箱中 3. 拔出钥匙，锁好车门，钥匙放回指定位置 4. 清洁车辆、地面及工具

3. 实施总结及反思

三　学习目标达成情况

序号	学习内容（知识、技能、行为习惯、职业素养）	评价标准			
		了解知道	理解掌握	指导下操作	独立操作

课后延伸

一　理论测试

二　任务实施巩固

提示：可以用思维导图法对操作过程进行总结或回顾操作过程中的主要步骤。

任务 2　机械转向系统的检修

检修案例

客户反映，汽车打方向时，转向系统有异响，但直线行驶时却没有，请大家分析可能是什么原因。

课前导入

同学们，为了完成本次工作任务，请在课前利用多种途径查阅资料预习相关知识点，也可扫一扫右方二维码进行课前学习，熟悉相关应知应会知识点，并完成下面 3 个知识点的学习。

课前学习资料

知识点 1　机械转向系统的检修目的

机械转向系统检修的目的是_____。通过检修，确保转向操作机构、转向器和转向传动机构转向轻便、灵活，转向无卡滞现象，转向系统各螺栓、螺母连接牢固，扭矩符合要求，各球节部件连接可靠。

知识点 2　机械转向系统的检修项目

根据国家标准 GB/T 18344—2016《汽车维护、检测、诊断技术规范》《江苏省中等职业教育汽车运用与维修专业指导性人才培养方案》及《江苏省中等职业教育汽车运用与维修专业技能教学标准（征求意见稿）》，机械转向系统的检修因一级维护和二级维护的要求不一样，其检修项目也不相同，具体检修内容和技术要求如表 3-2-1 所示。

表 3-2-1　机械转向系统的检修内容和技术要求

维护级别	作业项目	作业内容	技术要求
一级维护	部件连接	检查、校紧万向节、横直拉杆、球头销和转向节等部位连接螺栓、螺母	各部件连接可靠

续表

维护级别	作业项目	作业内容	技术要求
二级维护	转向器和转向传动机构	检查转向器和转向传动机构	转向轻便、灵活，转向无卡滞现象，锁止、限位功能正常
		检查部件技术状况	转向节臂、转向器摇臂及横直拉杆无变形、裂纹和拼焊现象，球销无裂纹、不松旷，转向器无裂损、无漏油现象
	转向盘最大自由转动量	检查、调整转向盘最大自由转动量	最高设计车速不小于_____的车辆，其转向盘的最大自由转动量不大于_____，其他车辆不大于_____。

知识点 3 机械转向系统的检修流程

机械转向系统的检修通常按照动力传递路线逐一排查和检修，如图 3-2-2 所示。

图 3-2-1 机械转向系统的检修流程

课中实践

一 能力测评

二 工作任务

1. 任务分组

班级：　　　　　　　组号：　　　　　　　指导老师：

组长：　　　　　　　承担任务：

姓名	承担任务	姓名	承担任务

续表

姓名	承担任务	姓名	承担任务

2. 任务实践

作业内容	图　解	技术提要
1. 任务准备		1. 工作场景：理实一体化教室 2. 主要设备：教学用车、举升机、手电筒 3. 辅助设备：三件套、抹布、手套、白板、卡片纸、双面胶等
2. 车辆保护		1. 使车辆位于举升机位的正常举升初始位置 2. 安装车轮挡块 3. 拉紧驻车制动器 4. 安装三件套
3. 转向盘高度调节检修		1. 将转向盘下面的高度调节手柄松开 2. 双手握住转向盘往上提，转向盘高度_____；往下压，转向盘高度_____ 3. 高度调整合适后，将高度调节手柄锁定
4. 转向盘锁止功能检修		1. 转动点火开关到"LOCK"熄火 2. 拔下点火钥匙 3. _____方向将转向盘转动约 1/6 圈，转向盘锁止 **注意事项：** 旋转转向盘时，轻轻用力，切忌用力过猛

续表

作业内容	图　解	技术提要
4. 转向盘锁止功能检修		1. 将挡位置于 P 挡 2. 左右旋转转向盘，同时打开点火开关 3. 方向盘解锁 **注意事项：** 旋转转向盘时，轻轻用力，切忌用力过猛
5. 测量转向盘自由行程	 不大于15°	最高设计车速不小于 100km/h 的车辆，其转向盘的最大自由转动量不大于 15°，其他车辆不大于 25°
6. 转向柱检修		1. 检查转向柱外观，无变形 2. 检查转向柱两头的万向节，无松动 3. 中间转向柱上螺栓扭矩为 34N·m 4. 中间转向柱下螺栓扭矩为 25N·m，角度为 180° **注意事项：** 养成认真严谨、求真务实的工作态度，严格按照维修手册要求检查横拉杆固定螺母扭矩
7. 转向器检修	保留原图 	1. 观察转向机，无明显损坏、漏油 2. 检查转向机两头密封套，无明显损坏 **注意事项：** 不要把半轴密封套误当为转向机密封套

续表

作业内容	图　解	技术提要
8. 转向横拉杆检修	限位螺母	1. 横直拉杆无变形、裂纹和平焊现象 2. 限位螺母应处于限位状态 **注意事项：** 切忌随意调整限位螺母，否则必须重新进行车轮定位
9. 检查转向横拉杆球节	横拉杆固定螺母　球节	1. 内转向横拉杆(方向盘侧)固定螺母扭矩为_____N•m 2. 外转向横拉杆固定螺母扭矩为_____N•m 3. 球销无裂纹、不松旷 4. 球节无松旷，防尘套无损坏 **注意事项：** 养成认真严谨、求真务实的工作态度，严格按照维修手册要求检查横拉杆固定螺母扭矩
10. 转向节检修		转向节完好，无变形、无腐蚀
11. 5S 工作		1. 收起翼子板布、前格栅布，放到规定位置，盖上发动机舱盖 2. 收起三件套，丢弃至指定垃圾箱中 3. 拔出钥匙，锁好车门，钥匙放回指定位置 4. 清洁车辆、地面及工具

3. 实施总结及反思

```

```

三　学习目标达成情况

序号	学习内容（知识、技能、行为习惯、职业素养）	评价标准			
		了解知道	理解掌握	指导下操作	独立操作

▶▶课后延伸

一　理论测试

二　任务实施巩固

提示：可以用思维导图法对操作过程进行总结或回顾操作过程中的主要步骤。

```

```

任务 3　动力转向系统的检修

检修案例

有客户投诉，他的迈腾汽车转向系统故障警告灯亮了。请问汽车会有哪些症状呢？又有哪些原因可能会导致该故障呢？

课前导入

同学们，为了完成本次工作任务，请在课前利用多种途径查阅资料预习相关知识点，也可扫一扫右方二维码进行课前学习，熟悉相关应知应会知识点，并完成下面 3 个知识点的学习。

课前学习资料

知识点 1　动力转向系统的检修目的

动力转向系统的检修目的是＿＿＿＿＿＿＿＿＿＿＿＿＿＿＿＿＿＿＿＿＿＿＿＿。除了对转向系统机械部分进行检修外，还要对助力转向部分进行检修，并按规定的里程或时间更换动力转向液，油面高度应符合规定。

知识点 2　动力转向系统的检修项目

根据国家标准 GB/T 18344—2016《汽车维护、检测、诊断技术规范》《江苏省中等职业教育汽车运用与维修专业指导性人才培养方案》及《江苏省中等职业教育汽车运用与维修专业技能教学标准（征求意见稿）》，动力转向系统的检修因一级维护和二级维护的要求不一样，其检修项目也不相同，具体检修内容和技术要求如表 3-3-1 所示。

表 3-3-1　动力转向系统的检修项目

维护级别	作业项目	作业内容	技术要求
一级维护	部件连接	检查、校紧万向节、横直拉杆、球头销和转向节等部位连接螺栓、螺母	各部件连接可靠
	转向器润滑油及动力转向液	检查油面高度，视情况更换	＿＿＿＿＿＿＿＿＿＿＿＿＿＿

续表

维护级别	作业项目	作业内容	技术要求
二级维护	转向器和转向传动机构	检查转向器和转向传动机构	转向轻便、灵活，转向无卡滞现象，锁止、限位功能正常
		检查部件技术状况	转向节臂、转向器摇臂及横直拉杆无变形、裂纹和拼焊现象，球销无裂纹、不松旷，转向器无裂损、无漏油现象
	转向盘最大自由转动量	检查、调整转向盘最大自由转动量	最高设计车速不小于_____的车辆其转向盘的最大自由转动量不大于_____，其他车辆不大于_____

知识点 3 动力转向系统的检修流程

动力转向系统的检修通常在机械转向系统检修的基础上增加以下检修项目。

1. 目视检查储液罐油液

检查内容主要包括_____检查、_____检查、_____检查。具体现象及原因如表 3-3-2 所示。

表 3-3-2　储液罐油液的现象及原因

现象	原因
动力转向液呈现乳状或有较多泡沫	表明其内部存在空气或者被污染，这可能是由内部泄漏导致的
动力转向液液面较低	一般是由外部泄漏引起的，泄漏通常发生在液压油管连接处、齿条处
液压油管非常软，或者看上去呈海绵状，或者用手感觉其平顺度不达标	

2. 油压测试(有故障才需检修)

油压测试是检查液压助力转向系统的重要方法，通过油压表观察油压是否正常(550～860kPa)，以此判断动力转向泵、转向器工作是否正常。

3. 检查动力转向泵皮带

松开动力转向泵支架上的后固定螺栓，松开张紧螺栓的螺母，调整张紧螺栓，使 V 形带中间处有_____的挠度。

4. 液压系统排气

如果动力转向液为_____，系统中则可能有气泡，可通过转动转向盘对液压系统进行排气。

5. 液压系统冲洗

更换动力转向泵、转向器轴承或转向器总成后，必须对液压系统进行冲洗，否则旧动力转向液中掺杂的金属碎屑会损坏液压系统。

▶▶ 课中实践

一　能力测评

二　工作任务

1. 任务分组

班级：　　　　　　组号：　　　　　　指导老师：

组长：　　　　　　承担任务：

姓名	承担任务	姓名	承担任务

2. 任务实践

作业内容	图　解	技术提要
1. 任务准备		1. 工作场景：理实一体化教室 2. 主要设备：教学用车、举升机、手电筒、扭力扳手、工具车、动力转向液、尖嘴钳、油塞 3. 辅助设备：三件套、抹布、手套等

续表

作业内容	图　解	技术提要
2. 车辆保护		1. 使车辆位于举升机位的正常举升初始位置 2. 安装车轮挡块 3. 拉紧驻车制动器 4. 安装三件套
3. 动力转向液检查		1. 接好尾排，启动发动机，左右旋转转向盘数次，让动力转向液温度上升至_____左右 2. 拧开动力转向液储液罐，观察油液的质量及高度（MAX 和 MIN 之间）
4. 做好地面防护		接油盘放在储液罐的正下方，确保油不滴洒到地面
5. 松开动力转向液储液罐回油管卡箍		1. 拧紧储液罐盖，用老虎钳松开储液罐回油管卡箍 2. 准备好接油容器和油塞 **注意事项：** 1. 松开卡箍时，不可用力过猛，以免损坏卡箍 2. 老虎钳夹住卡箍后，整体慢慢往后移动，使卡箍移离受力点
6. 拆开低压回油管，堵塞回油孔		1. 此处建议两人配合 2. 油管拆开后，一人负责把油管放入接油容器中，另一人迅速用油塞塞住回油孔

作业内容	图　　解	技术提要
7. 冲洗液压系统		1. 起动发动机，左右转动转向盘至极限位置 2. 加入新的动力转向液，直至回油管流出新的油液 **注意事项：** 废旧的动力转向液必须进行专业回收，否则会对环境造成严重危害
8. 连接低压回油管		1. 发动机熄火 2. 复位低压回油管 **注意事项：** 油管要连接到位，卡箍也要复位到正确的位置
9. 添加动力转向液		添加动力转向液至油尺刻度的 MAX 和 MIN 之间
10. 液压系统排空气		1. 打开点火开关，无须起动发动机，左右反复转动转向盘至_____位置（_____次左右） 2. 仔细观察储液罐里面液面排气情况，直至气泡完全消失 3. 再次检查液面高度正确后拧紧储液罐盖

续表

作业内容	图　　解	技术提要
11. 5S工作		1. 收起翼子板布、前格栅布，放到规定位置，盖上发动机舱盖 2. 收起三件套，丢弃至指定垃圾箱中 3. 拔出钥匙，锁好车门，钥匙放回指定位置 4. 清洁车辆、地面及工具

知识拓展

随速电动助力转向系统(Servotronic 电子助力转向系统)

在所有转向系统中，车速越高，改变行驶转向时驾驶员施加在转向盘上的操纵力矩越小。这可能导致车速较高时使驾驶员感觉转向过于灵活。

Servotronic 是一种电子控制助力转向系统，该系统根据车速调节转向盘上的操纵力矩，车辆静止或车速很低(例如停车时)时转向助力最大，车速较高时转向助力最小。因此改善了车速提高时驾驶员对路面的反应。

Servotronic 电子助力转向系统是一种齿轮齿条式助力转向系统。机械机构通过液压系统和电子系统来补充。结构如图 3-3-1 所示。

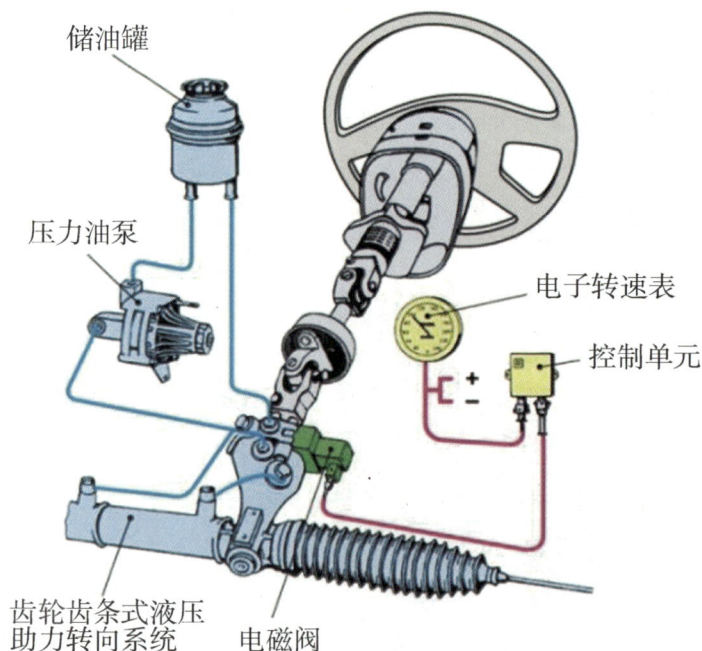

图 3-3-1　Servotronic 电子助力转向系统

齿轮齿条式转向器由小齿轮和齿条组成。齿条通过一个压块以无间隙形式压向小齿轮。转向器具有可变传动比，即齿与齿之间的距离不同：较大的中部齿距使得转向盘转角较小时即可产生线性直接的传动比，例如以较快车速直线行驶时；较小的两侧齿距使得转向角较大时产生累进的传动比，例如停车时。如图 3-3-2 所示。

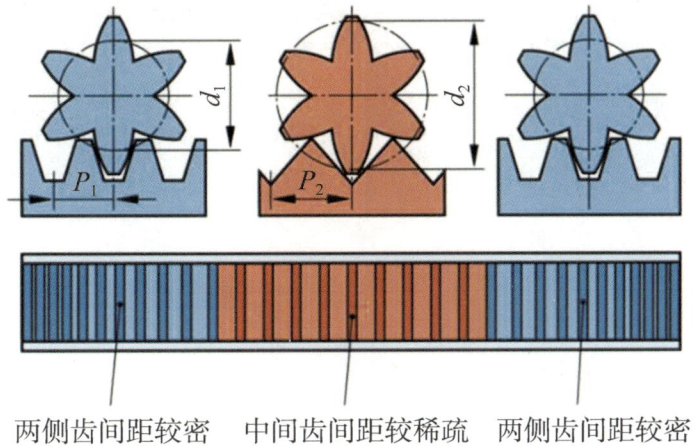

两侧齿间距较密　　中间齿间距较稀疏　　两侧齿间距较密

图 3-3-2　齿轮齿条式转向器

P_1—转向盘每转一圈，齿条移动较小；P_2—转向盘每转一圈，齿条移动较大

项目❹
行驶系统的构造与检修

📝 项目描述

按照汽车行驶系统检修的要求，学习车架与车桥的检修、悬架系统、轮胎的拆装、车轮动平衡、车轮定位的基础知识，结合维修手册制订行驶系统维修方案，规范进行常见故障的检测与维修。

学习目标

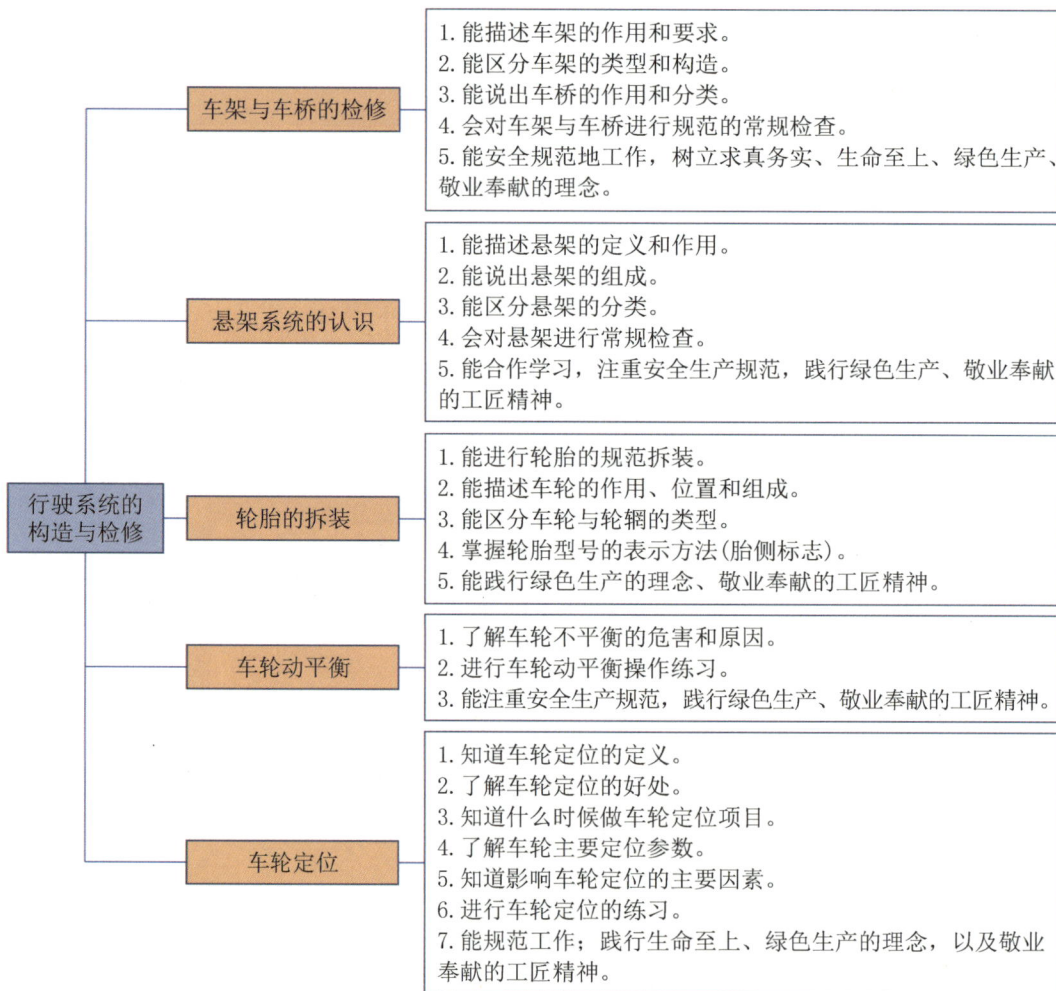

车架与车桥的检修	1. 能描述车架的作用和要求。 2. 能区分车架的类型和构造。 3. 能说出车桥的作用和分类。 4. 会对车架与车桥进行规范的常规检查。 5. 能安全规范地工作，树立求真务实、生命至上、绿色生产、敬业奉献的理念。
悬架系统的认识	1. 能描述悬架的定义和作用。 2. 能说出悬架的组成。 3. 能区分悬架的分类。 4. 会对悬架进行常规检查。 5. 能合作学习，注重安全生产规范，践行绿色生产、敬业奉献的工匠精神。
轮胎的拆装	1. 能进行轮胎的规范拆装。 2. 能描述车轮的作用、位置和组成。 3. 能区分车轮与轮辋的类型。 4. 掌握轮胎型号的表示方法(胎侧标志)。 5. 能践行绿色生产的理念、敬业奉献的工匠精神。
车轮动平衡	1. 了解车轮不平衡的危害和原因。 2. 进行车轮动平衡操作练习。 3. 能注重安全生产规范，践行绿色生产、敬业奉献的工匠精神。
车轮定位	1. 知道车轮定位的定义。 2. 了解车轮定位的好处。 3. 知道什么时候做车轮定位项目。 4. 了解车轮主要定位参数。 5. 知道影响车轮定位的主要因素。 6. 进行车轮定位的练习。 7. 能规范工作；践行生命至上、绿色生产的理念，以及敬业奉献的工匠精神。

行驶系统的构造与检修

任务 1   车架与车桥的检修

任务案例

通用别克品牌 4S 店的维修部接到一辆轿车。据称，该车车主接到 4S 店售后关怀电话，提醒其车辆已满 4 年，到了需要检查车辆底盘的时间，建议其到店进行免费的检查。针对此情况客户便来到店里做相应的检查。

课前导入

同学们，为了完成本次工作任务，请在课前利用多种途径查阅资料预习相关知识点，也可扫一扫右方二维码进行课前学习，熟悉相关应知应会知识点，并完成以下学习任务。

课前学习资料

知识点 1   车架的功能和要求

？思考：为什么有的汽车在转弯时会很稳？

_____

_____

_____

1. 功能

(1)安装汽车各种总成部件，并使它们保持正确的相对位置。

(2)承受来自车上和地面的各种静、动载荷。

2. 要求

(1)能满足汽车总体布置的要求。

(2)具有足够的强度和刚度，且其质量应尽可能小。

(3)要求车架结构尽可能简单，并有利于降低汽车质心和提供大的转向角。

知识点 2   车架的类型和构造

？思考：不同种类的车架在汽车上的应用有哪些？

车架结构	应用
边梁式车架	
中梁式车架	
综合式车架	
承载式车架	

汽车车架的结构形式常见的有边梁式车架、中梁式车架、综合式车架、承载式车身等。

边梁式车架由两根位于两边的纵梁和若干根横梁组成。通常用铆接或焊接将纵梁和横梁连接成坚固的刚件构架，如图 4-1-1 所示。优点是结构简单、部件的安装固定方便等；缺点是扭转刚度小。为提高车架的扭转刚度，一些轿车和载货汽车采用了中梁式车架（也称脊梁式车架），如图 4-1-2 所示。

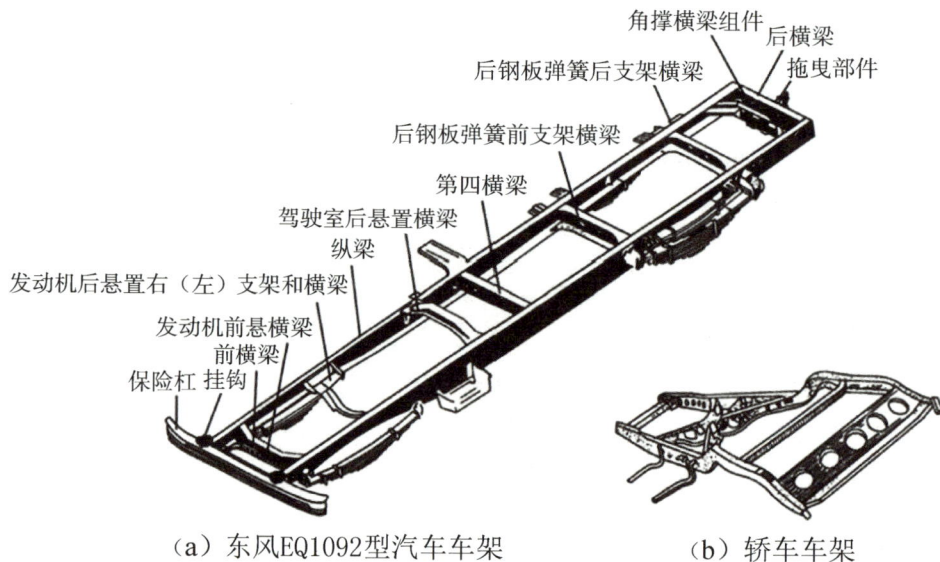

（a）东风EQ1092型汽车车架　　　（b）轿车车架

图 4-1-1　边梁式车架的结构形式

图 4-1-2　中梁式车架结构示意图

综合式车架是中梁式车架的一种变形。纵梁前段是边梁式的，用以安装发动机；中后部是中梁，悬伸出来的支架可以固定车身，如图 4-1-3 所示。

现代轿车绝大多数采用承载式车身，这种车身也称为无梁式车架，如图 4-1-4 所示。

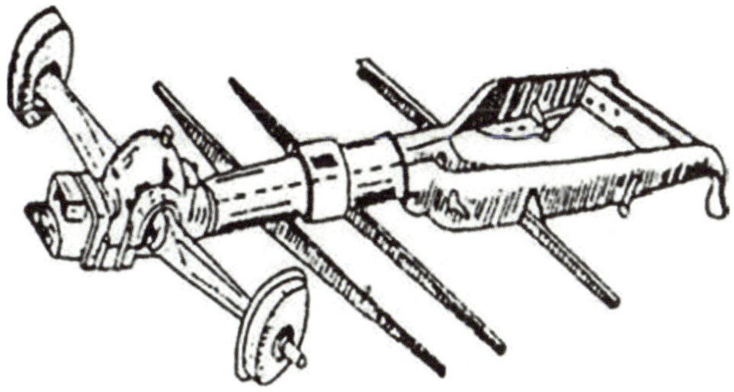

图 4-1-3   综合式车架示意图

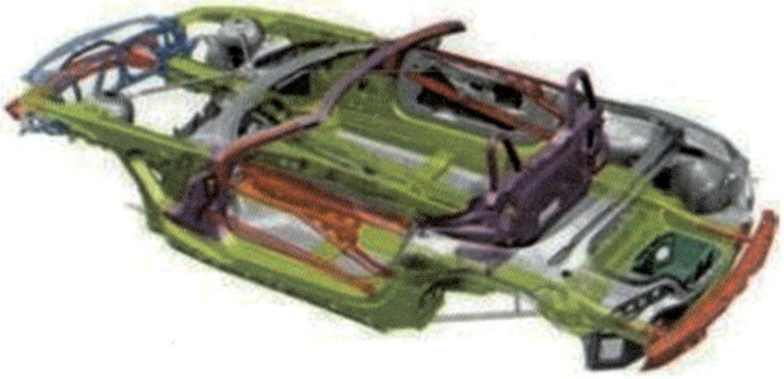

图 4-1-4   承载式车身示意图

知识点 3 车桥的作用和分类

❓ 思考：不同种类的车桥所匹配的悬架是什么？请在下表写出对应的车桥类型。

车桥图	与之匹配的悬架	判断车桥类型
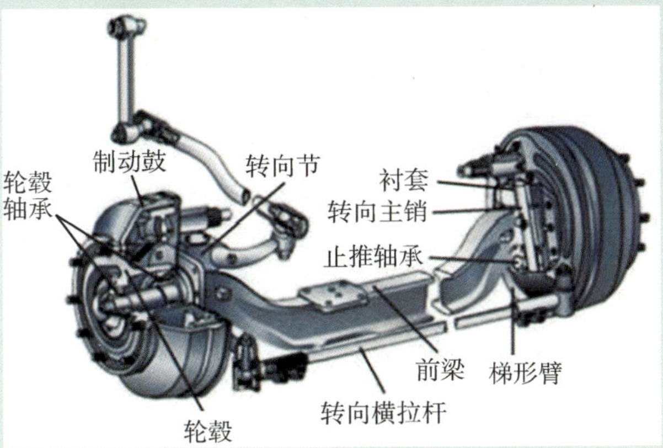	非独立悬架	
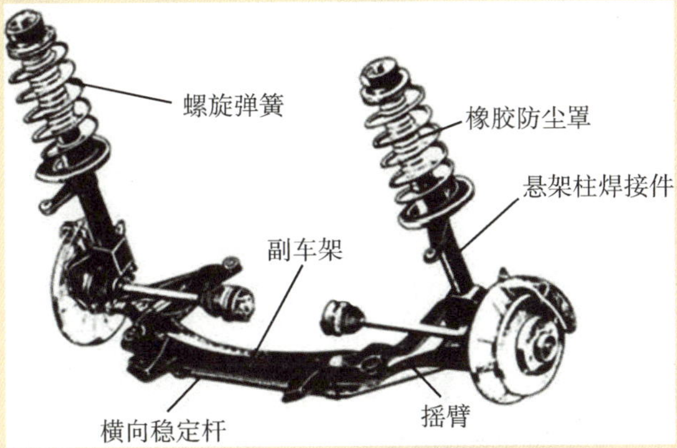	独立悬架	

1. 作用

车桥通过悬架与车架相连，两端安装车轮，其作用是传递车架与车轮之间的各种力和力矩。

2. 分类

（1）按配用悬架结构的不同可分为整体式的和断开式的。

（2）按车桥上车轮的作用的不同可分为转向桥、驱动桥、转向驱动桥、支持桥。

转向桥可以与非独立悬架相配，也可以与独立悬架相配。非独立悬架转向桥主要由前梁、转向节、转向主销等几部分组成。

独立悬架采用断开式转向桥，轿车的转向桥与前悬架相连接，减振器加速振动的衰减，提高行驶平顺性；上摆臂和上球头销不可拆，靠弹簧自动调整间隙；下摆臂和下球头销可拆，靠垫片调整间隙；属于无主销式转向节。

发动机前置前轮驱动以及全轮驱动的汽车，其前桥既起转向桥的作用，又兼起驱动桥的作用，故称为转向驱动桥，如图 4-1-5 所示。

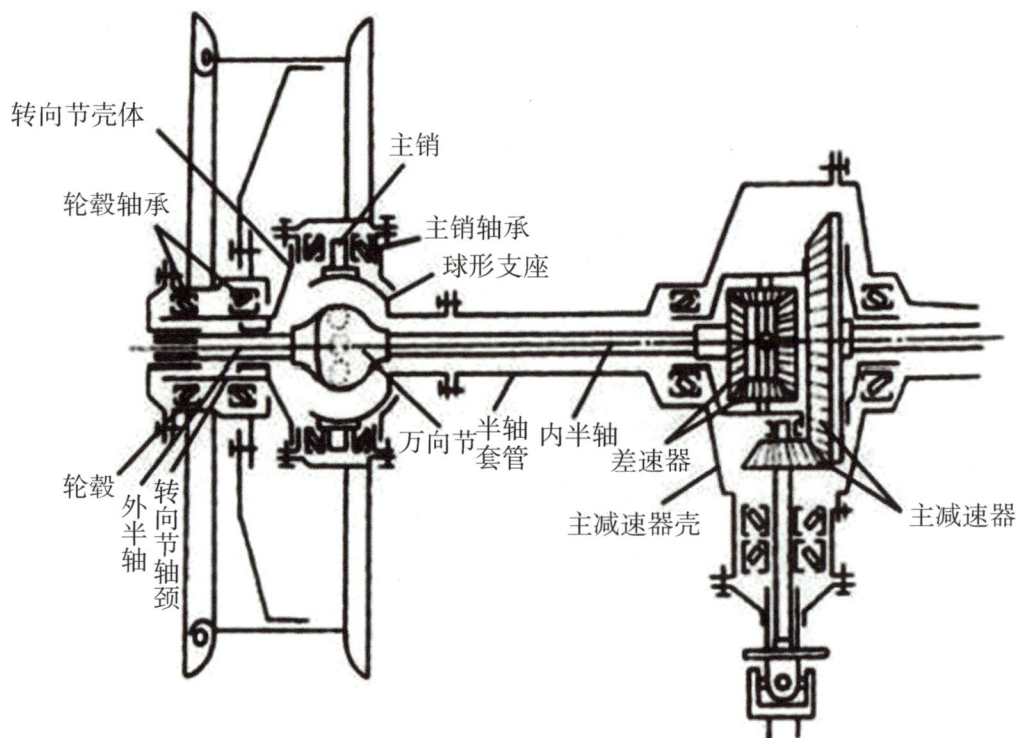

图 4-1-5　转向驱动桥结构图

图 4-1-6 所示为既无转向功能又无驱动功能的车桥。

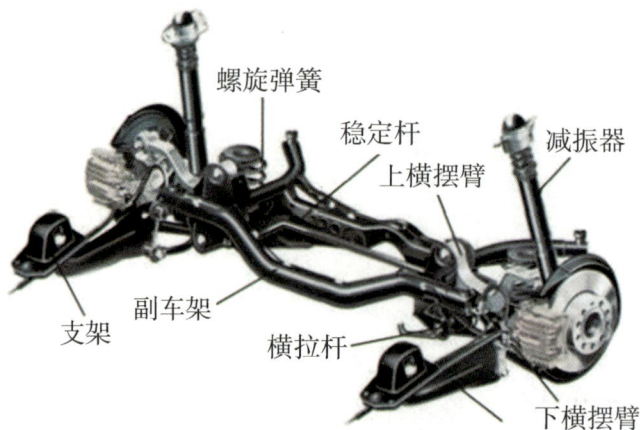

图 4-1-6　PQ35 系列车型的后支持桥（螺旋弹簧）

▶▶ 课中实践

一　能力测评

二　工作任务

1. 任务分组

班级：　　　　　　　组号：　　　　　　　指导老师：

组长：　　　　　　　承担任务：

姓名	承担任务	姓名	承担任务

2. 任务实践

作业内容	图　解	技术提要
1. 设备准备		1. 使车辆位于举升机位的正常举升初始位置 2. 安装车轮挡块 3. 拉紧驻车制动器 4. 安装三件套
2. 检查车架、车桥与悬架之间的拉杆和导杆		（见国家标准 GB/T 18344—2016《汽车维护、检测、诊断技术规范》） 车桥无变形、表面无裂痕、润滑脂无泄漏，车桥与悬架之间的拉杆和导杆无松旷、移位和变形

续表

作业内容	图　解	技术提要
3. 检查车架和车身		（见国家标准 GB/T 18344—2016《汽车维护、检测、诊断技术规范》） 1. 车架和车身无变形、断裂及开焊现象，连接可靠，车身停放周正 2. 发动机罩盖锁紧
4. 检查车门、车窗启闭和锁止情况		（见国家标准 GB/T 18344—2016《汽车维护、检测、诊断技术规范》） 车门和车窗应启闭正常，锁止可靠
5. 5S 工作		1. 收起翼子板布、前格栅布，放到规定位置，盖上发动机舱盖 2. 收起三件套，丢弃至指定垃圾箱中 3. 拔出钥匙，锁好车门，钥匙放回指定位置 4. 清洁车辆、地面及工具 5. 能安全规范工作，树立绿色生产、敬业奉献的理念

3. 实施总结

组内分工	
熟练运用	
存在的问题	
改进的措施	

三 学习目标达成情况

序号	学习内容（知识、技能、行为习惯、职业素养）	评价标准			
		了解知道	理解掌握	指导下操作	独立操作

课后延伸

一 理论测试

二 任务实施巩固

要求：对操作过程用思维导图方法进行总结。

任务 2　悬架系统的认识

任务案例

　　通用别克品牌 4S 店的维修部接到一辆轿车。据称，该车车主接到 4S 店售后关怀电话，提醒其车辆已满 4 年，到了需要检查车辆底盘悬架的时间，建议其到店进行免费的检查。针对此情况客户便来到店里做了相应的检查。

课前导入

　　同学们，为了完成本次工作任务，请在课前利用多种途径查阅资料预习相关知识点，也可扫一扫右方二维码进行课前学习，熟悉相关应知应会知识点，并完成以下学习任务。

课前学习资料

知识点 1　悬架的定义和作用

　　❓ 思考：想一想车身与车桥之间有什么部件。

_____

_____

_____

1. 功能

汽车悬架是车架或车身与车桥之间一切传力连接装置的统称。

2. 作用

(1)汽车悬架弹性地连接车桥与车架或车身，以缓和行驶中车辆受到的由不平路面引起的冲击力。

(2)迅速衰减由于弹性系统引起的振动，传递垂直、纵向、侧向反力及其力矩。

(3)起导向作用，使车轮按一定轨迹相对车身运动。

知识点 2　悬架的组成

　　悬架一般由弹性元件、减振器、横向稳定杆和导向装置等组成，如图 4-2-1 所示。

(1)弹性元件：弹性元件可缓和冲击，并承受、传递垂直载荷。常见的弹性元件主要有钢板弹簧、螺旋弹簧、扭杆弹簧、油气弹簧与空气弹簧等。

（2）减振器：减振器可限制弹簧自由振荡，衰减振动。

（3）横向稳定杆：横向稳定杆能使车身在转弯时不发生过度横向倾斜。

（4）导向装置：导向装置可传递侧向力、纵向力，并保证车轮相对车身的正确运动关系。

钢板弹簧作为弹性元件时，它本身具有导向作用，可不另设导向装置。

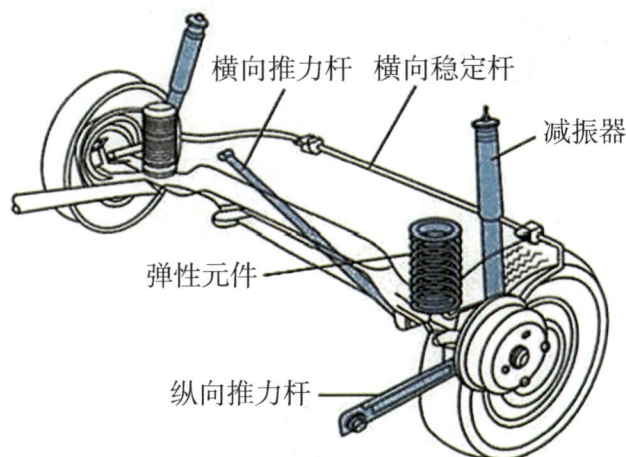

图 4-2-1　悬架的组成

知识点 3　悬架的分类

❓ 思考：不同种类的悬架的特点是什么？

悬架类型		示意图	结构及特点
按汽车导向装置不同	独立悬架		车桥是_____，每侧车轮可以单独通过_____与车架或车身连接。该悬挂质量较_____，缓冲与减振能力很强，乘坐舒适
	非独立悬架		两侧车轮由一根整体式车架_____，车轮连同车桥一起通过弹性悬架系统悬架在车架或车身的下面。其结构简单、成本低、强度_____、保养容易、行车中前轮定位变化小，但其舒适性及操纵稳定性都相对_____

续表

悬架类型		示意图	结构及特点
按控制形式不同	主动式悬架	 空气减振器 充气管 差速器 上控制臂	可根据路面和行驶状况自动调整悬架和阻尼，从而使车辆能主动控制垂直振动及其车身或车架的姿态；可以兼顾汽车的平顺性与操纵稳定性。可以_____悬架的参数，从而降低车轮载荷波动，提高附着性能，改善操纵性，同时减轻轮胎的磨损
	被动式悬架		多数汽车上采用被动式悬架。被动式悬架的特点是汽车状态只能_____取决于路面、行驶状况和汽车的弹性元件、导向装置以及减振器这些机械零件。即由钢板弹簧或_____、减振器组成的机械式悬架系统各元件的特性不可调整，只能被动地吸收能量、缓和冲击

课中实践

一 能力测评

二 工作任务

1. 任务分组

班级：　　　　　　　组号：　　　　　　　指导老师：

组长：　　　　　　　承担任务：

姓名	承担任务	姓名	承担任务

2. 任务实践

作业内容	图　　解	技术提要
1. 车辆准备		1. 使车辆位于举升机位的正常举升初始位置 2. 安装车轮挡块 3. 拉紧驻车制动器 4. 安装三件套
2. 检查悬架弹性元件，校紧连接螺栓、螺母		弹性元件无损伤，连接可靠无松动；支撑螺栓扭矩为 90N·m （GB/T 18344—2016）
3. 检查减振器		减振器稳固有效，无漏油；橡胶垫无松动、变形 （GB/T 18344—2016）

续表

作业内容	图　解	技术提要
4. 检查悬架系统各球关节和稳定杆		球关节的密封件不应有切口或裂纹，稳定杆应连接可靠，结构件不应有残损或变形；稳定杆卡箍固定位可靠，且位置正确（GB 7258—2017）
5. 5S工作		1. 收起翼子板布、前格栅布，放到规定位置，盖上发动机舱盖 2. 收起三件套，丢弃至指定垃圾箱中 3. 拔出钥匙，锁好车门，钥匙放回指定位置 4. 清洁车辆、地面及工具 5. 安全工作，践行绿色生产的理念、敬业奉献的工匠精神

3. 实施总结

组内分工	
熟练运用	
存在的问题	
改进的措施	

三　学习目标达成情况

序号	学习内容(知识、技能、行为习惯、职业素养)	评价标准			
		了解知道	理解掌握	指导下操作	独立操作

课后延伸

一 理论测试

二 任务实施巩固

要求：对操作过程用思维导图方法进行总结。

任务 3   轮胎的拆装

任务案例

某品牌 4S 店接到客户的道路救援电话，一辆轿车在马路上行驶过程中突然爆胎。经检查，轮胎已无法再使用，并建议更换新的轮胎。作为未来的汽车维修工，针对此情况，需要进行更换新的轮胎。

课前导入

同学们，为了完成本次工作任务，请在课前利用多种途径查阅资料预习相关知识点，也可扫一扫右方二维码进行课前学习，熟悉相关应知应会知识点，并完成以下学习任务。

课前学习资料

知识点 1   车轮的基本知识

❓ 思考：汽车转弯时，车轮会承受几个方向的力？

车轮是汽车行驶系统中的重要部件，其功用是：①支承整车；②缓和由路面传来的冲击力；③通过轮胎同路面间存在的附着作用来产生驱动力和制动力；④汽车转弯行驶时产生平衡离心力的侧抗力，在保证汽车正常转向行驶的同时，通过车轮产生的自动回正力矩，使汽车保持直线行驶；⑤承担越障，提高通过性；等等。

车轮是介于轮胎和车轴之间承受负荷的旋转组件。车轮由轮毂、轮辋以及这两个元件间的连接部分（称轮辐）所组成，如图 4-3-1 所示。辐板式车轮的构造由挡圈、轮辋、辐板和气门嘴伸出口组成。辐条式车轮的构造轮辐是钢丝辐条或是和轮辋铸造成一体的铸造辐条。轮辋是在车轮上安装和支承轮胎的部件，轮

图 4-3-1   车轮的结构

1—车轮螺栓；2—气门嘴；3—车轮饰板；
4—轮辐板；5—轮辋；6—子午线轮胎；7—平衡块

辐是在车轮上介于车轴和轮辋之间的支承部件。轮辋和轮辐可以是整体式的、永久连接式的或可拆卸式的。

知识点 2　车轮与轮辋的类型

❓ 思考：请想想轿车每个轮毂都安装几个轮胎？那么火车呢？

_____

_____

1. 车轮的类型

按轮辐的构造，车轮可分为两种主要形式：辐板式和辐条式。

按车轴一端安装一个或两个轮胎，车轮又分为单式车轮和双式车轮。

目前，轿车和货车上广泛采用辐板式车轮和辐条式车轮；此外，还有对开式车轮、可反装式车轮、组装轮辋式车轮和可调式车轮。

辐板式车轮由挡圈、辐板、轮辋及气门嘴孔组成，如图 4-3-2 所示。用以连接轮辋和轮毂的圆盘称为辐板。辐板大多是冲压制成，也有铸造的。

轿车的车轮辐板所用钢板较薄，常进行冲压，以提高刚度。有些轿车为了减轻车轮的质量和有利于两侧车毂的散热，采用了铝合金铸造加工。

轮辐是钢丝辐条或者是与轮毂铸成一体的铸造辐条，如图 4-3-3 所示，其价格昂贵，维修安装不便。铸造辐条式车轮用于装载质量较大的重型汽车。

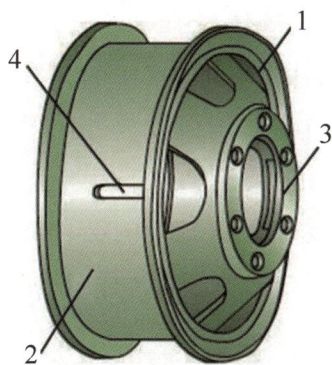

图 4-3-2　辐板式车轮

1—挡圈；2—轮辋；
3—辐板；4—气门嘴伸出口

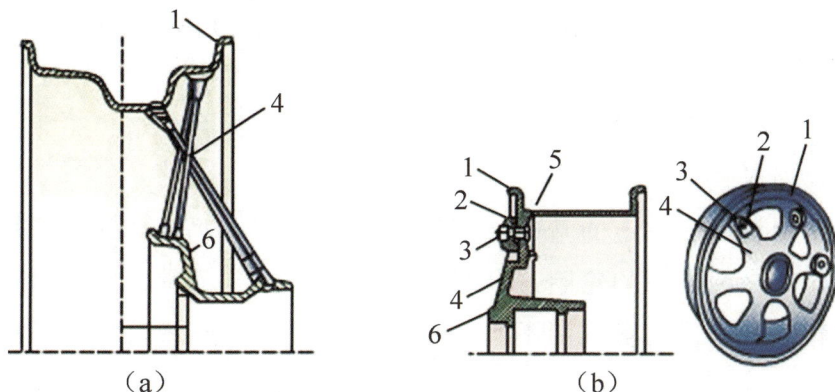

（a）　　　　　　　　（b）

图 4-3-3　辐条式车轮

1—轮辋；2—衬块；3—螺栓；4—辐条；5—配合锥面；6—轮毂

2. 轮辋的类型

轮辋(见图 4-3-4)的常见形式主要有两种：深槽轮辋和平底轮辋。此外，还有对开式轮辋、半深槽轮辋、深槽宽轮辋、平底宽轮辋以及全斜底轮辋等。

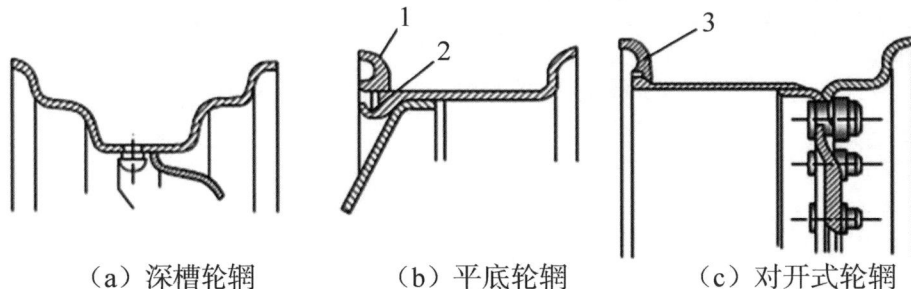

（a）深槽轮辋　　　（b）平底轮辋　　　（c）对开式轮辋

图 4-3-4　不同类型的轮辋

1、3—挡圈；2—锁圈

（1）深槽轮辋

深槽轮辋是整体的，其断面中部为一深凹槽，主要用于轿车及轻型越野汽车。它有带肩的凸缘，用以安放外胎的胎圈，其肩部通常略向中间倾斜，其倾斜角一般是 5°±1°。倾斜部分的最大直径称为轮胎胎圈与轮辋的折合直径。断面的中部制成深凹槽，以便于外胎的拆装。深槽轮辋的结构简单，刚度大，质量较小，对于小尺寸弹性较大的轮胎最适宜。但是尺寸较大又较硬的轮胎，则很难装进这样的整体轮辋内。

（2）平底轮辋

平底轮辋的结构形式很多，如图 4-3-4(b)所示，是我国货车常用的一种形式。挡圈 1 是整体的，而用一个开口弹性锁圈 2 来防止挡圈脱出。在安装轮胎时，先将轮胎套在轮辋上，而后套上挡圈，并将它向内推，直至越过轮辋上的环形槽，再将开口的弹性锁圈嵌入环形槽中。东风 EQ1090E 型和解放 CA1091 型汽车的车轮均采用这种形式的轮辋。

（3）对开式轮辋

对开式轮辋由内、外两部分组成，其内、外轮辋的宽度可以相等，也可以不等，两者用螺栓连成一体。拆装轮胎时，拆卸螺母即可。挡圈 3 是可拆的。有的无挡圈，而由与内轮辋制成一体的轮缘代替挡圈，内轮辋与辐板焊接在一起。东风 EQ2080 和延安 SX2150 型汽车车轮均采用这种形式的轮辋。

由于轮辋是轮胎装配和固定的基础，当轮胎装入不同轮辋时，其变形位置与大小也会发生变化。因此，每一种规格的轮胎，最好配用规定的标准轮辋，必要时也可配用规格与标准轮胎相近的轮辋。如果轮辋选用不当，会造成轮胎早期损坏，特别是使用在过窄的轮辋上时。

近几年来，为了满足提高轮胎负荷能力的需要，人们开始采用宽轮辋。试验表明，采用宽轮辋可以提高轮胎的使用寿命，并可以改善汽车的通过性和行驶稳定性。

知识点 3　轮胎的基本知识

思考：汽车上的轮胎就是用橡胶制成的，对吗？为什么？

1. 轮胎的结构

结构名称	作用
胎面	轮胎与路面接触的厚厚的橡胶层，要求有良好的耐磨性能和耐冲击性能
轮胎加固层	胎面端部与胎侧上端之间的部分，具有保护胎体和发散行驶时产生的热量的作用
胎侧	胎肩下端和胎圈之间的橡胶层，有保护胎体的作用
胎体帘布层	胎面和胎体之间的单层或多层覆胶帘线部分，起黏合胎面和胎体、缓冲外胎所受应力的作用
钢丝带束层	构成轮胎骨架的单层或多层覆胶帘线部分，要求其有良好的耐冲击性能和耐屈挠性能
胎圈	胎体帘线缠绕其上，与轮辋接合的部位，由胎圈钢丝及橡胶等构成
气密层	轮胎的内衬层，要求有良好的气密性能

2. 轮胎胎侧标志

轮胎胎侧标志如图 4-3-5 所示。

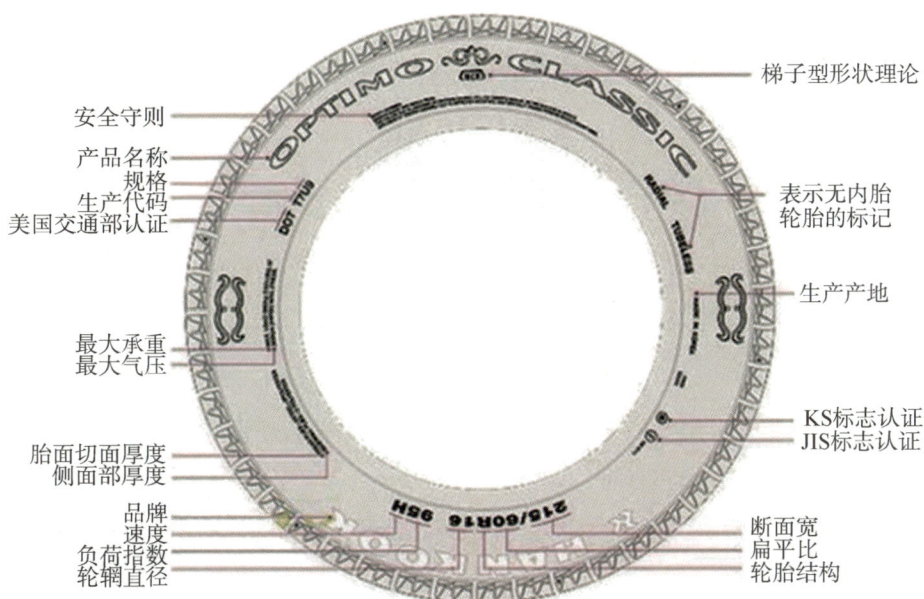

图 4-3-5　轮胎胎侧标志

3. 轮胎型号的表示方法

充气轮胎尺寸目前一般用英制单位，但欧洲国家常用公制单位。高压胎一般用 $D×B$ 来表示，其中 D 表示轮胎直径的英寸数，B 表示轮胎断面宽度的英寸数。例如：34×7 即表示轮胎外径 D 为 34 英寸（1 英寸≈2.54cm），断面宽度 B 为 7 英寸。

汽车上常用的是低压胎，其尺寸用 $B-d$ 表示，例如，9.00-20 即表示断面宽度 B 为 9 英寸，而轮辋直径 d 为 20 英寸。

欧洲国家的低压胎用 $B×d$ 表示，尺寸单位用毫米。例如，185×400 表示其断面宽度 B 为 185mm，轮辋直径 d 为 400mm。这种规格的轮胎相当于 7.50-16 轮胎。

在国际标准中，轿车轮胎编号表示为断面宽度/[（扁平率）（轮胎结构标记号）（适用轮胎直径）（载荷指数）（速度记号）]。比如，编号 195/60R1485H 的轮胎，意义如下：

（1）195 表示轮胎断面宽度为 195mm。

（2）60 表示扁平率，即轮胎断面的高度为宽度的 60%。

（3）R 表示子午线轮胎（另外，还用 D、B 分别表示普通斜交轮胎和带束斜交轮胎）。

（4）14 表示使用轮辋直径为 14 英寸。

（5）85 指载荷指数。

（6）H 是速度标记号，字母由 B 至 U（除 D、H、I、O 外）顺序排列时，最大时速由 50～200km/h 递增，每级相差 10km/h。特殊的，D 表示最大时速 65km/h，而 H 表示最大时速 210km/h。

▶ 课中实践

一 能力测评

二 工作任务

1. 任务分组

班级：　　　　　　　组号：　　　　　　　指导老师：

组长：　　　　　　　承担任务：

姓名	承担任务	姓名	承担任务

姓名	承担任务	姓名	承担任务

2. 任务实践

作业内容	图　　解	技术提要
1. 设备准备		工具及设备准备应充分
2. 轮胎放气		1. 旋开气门芯，对轮胎进行放气处理 2. 做好拆装准备
3. 剥离轮胎		1. 用扒胎机的挤压片将轮胎剥离轮辋 2. 工具贴紧轮胎，对准位置，不要对轮辋造成损坏，轮胎外侧及内侧都要剥离，避开气门嘴，不要压坏轮胎的电子装置
4. 放上轮胎机		将轮胎放在轮胎机上，外侧朝上

续表

作业内容	图　解	技术提要
5. 夹紧轮辋		踩下踏板，夹紧轮辋
6. 压低轮胎		用滚动的辅助工具压低轮胎
7. 涂抹润滑脂		1. 在轮辋和轮胎边缘涂抹润滑脂 2. 使用毛刷，涂抹均匀
8. 放下安装头		1. 在轮辋边缘安装防护套 2. 调整并放下安装头，压在轮辋边缘上，并锁紧
9. 塞入撬棒并旋转		1. 塞入撬棒，撬起上部边缘 2. 抬起踏板使轮胎安装机旋转 3. 使用带保护套的撬棒 4. 撬起位置到位

续表

作业内容	图　　解	技术提要
10. 轮胎上部与轮辋分离		设备旋转后，轮胎上部与轮辋分离
11. 拆卸轮胎下部		按照同样的方法拆卸轮胎下部，使整个轮胎分离
12. 安装轮胎下部		1. 拆卸后进行装复，将下部轮胎边缘压到安装头下方 2. 旋转设备
13. 安装轮胎上部		1. 用同样的方法安装轮胎上部 2. 旋转设备 3. 轮胎装复成功
14. 轮胎充气		1. 安装轮胎后，进行充气 2. 注意充气气压要充至标准胎压（具体标准胎压请查询维修手册）

续表

作业内容	图　解	技术提要
15. 5S工作		1. 收起翼子板布、前格栅布，放到规定位置，盖上发动机舱盖 2. 收起三件套，丢弃至指定垃圾箱中 3. 拔出钥匙，锁好车门，钥匙放回指定位置 4. 清洁车辆、地面及工具 5. 规范工作，践行绿色生产的理念、敬业奉献的工匠精神

3. 实施总结

组内分工	
熟练运用	
存在的问题	
改进的措施	

三　学习目标达成情况

序号	学习内容（知识、技能、行为习惯、职业素养）	评价标准			
		了解知道	理解掌握	指导下操作	独立操作

▶▶ 课后延伸

一　理论测试

二　任务实施巩固

要求：对操作过程用思维导图方法进行总结。

任务 4   车轮动平衡

任务案例

某品牌 4S 店的维修部接到一辆维修轿车。据称，该车车主最近发现在行驶过程中轮胎有轻微的抖动，加之之前补过轮胎，出于安全考虑来到店里检查。经检查，维修人员怀疑该车在补轮胎后未做动平衡。作为未来的汽车维修工，针对此故障需要将车轮从车上取出，并进行相关检测。

课前导入

同学们，为了完成本次工作任务，请在课前利用多种途径查阅资料预习相关知识点，也可扫一扫右方二维码进行课前学习，熟悉相关应知应会知识点，并完成以下学习任务。

课前学习资料

知识点 1   车轮不平衡的危害和原因

？ 思考：车轮气压不足，会有噪声吗？

1. 车轮不平衡的危害

汽车车轮是旋转构件。如果车轮不平衡，高速行驶时车轮会上下跳动和横向摇摆，不仅会影响汽车的乘坐舒适性，而且会使驾驶员难以控制行驶方向，也会使汽车制动性能变差，影响行车安全。此外，车轮不平衡还会大大增加各部件所受的力，加大轮胎的磨损和行驶噪声等。因此，汽车在使用和维修中必须进行车轮平衡试验和校准。

2. 车轮不平衡的原因

(1)质量分布不均匀，如轮胎产品质量欠佳，翻新胎、补胎、胎面磨损不均匀及在外胎与内胎之间垫带等。

(2)轮辋、制动鼓变形。

(3)轮毂与轮辋加工质量不佳，如中心不准、轮胎螺栓孔分布不均、螺栓质量不佳等。

知识点 2　车轮动平衡操作

❓ 思考：汽车在驻车的状态下，车轮如果没有不平衡的现象，是否就能说明车轮能够正常运转了？你的判断依据是什么？

_____

_____

由于车轮不平衡给汽车带来的危害很大，因此必须对车轮的平衡进行试验，并进行调平衡工作。车轮的不平衡包括静不平衡和动不平衡，由于动平衡的车轮一定处于静平衡状态，故检测了动平衡，就没有必要再检测静平衡了。

车轮的动平衡试验有离车式和就车式两种方法，常见的为离车式车轮的动平衡试验。

1. 离车式车轮动平衡机的基本组成

利用离车式车轮动平衡机对车轮进行动平衡检测时，需将车轮从车上拆下。如图 4-4-1 所示为常见的车轮动平衡机。该动平衡机主要由显示与控制面板、车轮防护罩、转轴及机箱组成。

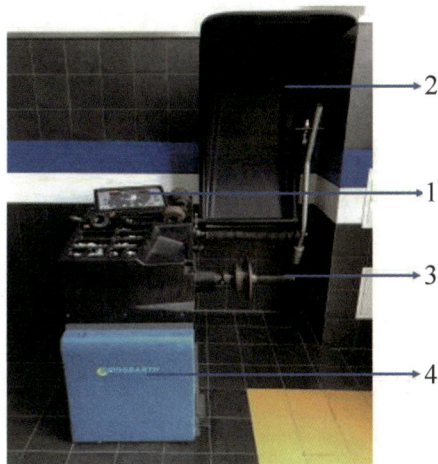

图 4-4-1　车轮动平衡机

1—显示与控制面板；2—车轮防护罩；3—转轴；4—机箱

2. 离车式车轮动平衡机的使用方法及步骤

(1)对被测车轮进行清洗，去掉泥土、砂石等，拆掉旧平衡块。

(2)检查轮胎气压，并充气至规定气压值。

(3)根据轮辋中心孔的大小选择锥体，将车轮安装于平衡机上。

(4)打开电源开关，检查指示装置是否指示正确。

(5)键入轮辋直径、宽度，测出轮辋边缘到机箱之间的距离并键入。

(6)放下防护罩，按下起动键，开始测量。

(7)当车轮自动停转后，从指示装置上读出车轮内、外动平衡量和位置。

（8）抬起车轮防护罩，用手慢慢旋转车轮，当动平衡机指示装置发出信号时，停止转动车轮。

（9）根据动平衡机显示的动平衡量，在轮辋内侧或外侧的上部（时钟十二点位置）的边缘加装平衡块（内、外侧要分别进行，平衡块要装卡牢固）。

（10）重新起动动平衡机，进行动平衡试验，直至动平衡量小于5g，机器显示"00"或"OK"时为止。

（11）取下车轮，关闭电源，测试结束。

课中实践

一　能力测评

二　工作任务

1. 任务分组

班级：　　　　　　　组号：　　　　　　　指导老师：

组长：　　　　　　　承担任务：

姓名	承担任务	姓名	承担任务

2. 任务实践

作业内容	图　解	技术提要
1. 设备准备		准备好进行车轮动平衡检测的相关设备

作业内容	图　解	技术提要
2. 检查面板指示是否正常		检查仪表灯与控制面板是否指示正常
3. 检查轮胎气压		清除泥土与石子，按要求使用胎压表检查轮胎气压
4. 拧紧轮胎		将轮胎装至动平衡机的转轴上，再用大螺距螺母上紧
5. 测量轮辋边缘至机箱距离		1. 用平衡机上的标尺检查轮辋边缘至机箱距离 2. 使用前检查标尺是否正常
6. 测量轮辋直径和宽度		用专业卡尺测量轮辋直径和宽度

作业内容	图　　解	技术提要
7. 输入测量数值		将所测得的数值输入动平衡检测仪器中
8. 按下启动键		按下启动键使车轮旋转，开始动平衡检测
9. 记录车轮内、外部平衡情况		读取车轮内、外部平衡量及位置并记录在册
10. 加装平衡块		1. 在轮辋内侧或外侧上部加装平衡块 2. 使用专用工具加装
11. 重新进行检测		进行第二次动平衡测验

作业内容	图　解	技术提要
12. 直至机器显示"00"或"OK"为止		直至显示平衡量小于5g，或者显示"00"，或者"OK"为止
13. 5S工作		1. 收起翼子板布、前格栅布，放到规定位置，盖上发动机舱盖 2. 收起三件套，丢弃至指定垃圾箱中 3. 拔出钥匙，锁好车门，钥匙放回指定位置 4. 清洁车辆、地面及工具 5. 安全规范工作，践行绿色生产的理念、敬业奉献的工匠精神

3. 实施总结

组内分工	
熟练运用	
存在的问题	
改进的措施	

三　学习目标达成情况

序号	学习内容（知识、技能、行为习惯、职业素养）	评价标准			
		了解知道	理解掌握	指导下操作	独立操作

▶▶ 课后延伸

一　理论测试

二　任务实施巩固

要求：对操作过程用思维导图方法进行总结。

任务 5 车轮定位

任务案例

丰田品牌 4S 店的维修部接到一辆维修轿车。据称，该车车主最近在行驶过程中发现车辆有跑偏的现象，出于安全考虑来到了店里。经检查，维修人员怀疑该车的定位参数不正确。作为未来的汽车维修工，针对此故障需要给车辆使用四轮定位仪，并进行相关的检测。

课前导入

同学们，为了完成本次工作任务，请在课前利用多种途径查阅资料预习相关知识点，也可扫一扫右方二维码进行课前学习，熟悉相关应知应会知识点，并完成以下学习任务。

课前学习资料

知识点 1 车轮定位的定义

❓ 思考：骑自行车时发现前进的方向与你骑行的方向不同，这时你怎么解决呢？

_____

_____

车轮定位是以车辆的四轮参数为依据，通过调整来确保车辆拥有良好的行驶性能并具备一定的可靠性。

现代汽车的车轮定位是指车轮、悬架系统元件以及转向系统元件安装在车架（或车身）上的几何角度与尺寸须符合一定的要求，以保证汽车行驶的稳定性和安全性，减少汽车的磨损和油耗。

知识点 2 车轮定位的作用

(1)增加行驶安全。

(2)直行时转向盘正直。

(3)转向后转向盘自动回正。

(4)减少汽油消耗。

(5)减少轮胎磨损。

（6）维持直线行车。

（7）增加驾驶控制感。

（8）降低悬挂配件磨损。

知识点 3 什么时候做车轮定位

❓ 思考：车辆没有跑偏等现象，是不是就不用做车轮定位了呢？

_____

_____

（1）汽车年检前。

（2）新车行驶达 3000km 时。

（3）每半年或车辆行驶达 10000km 时。

（4）更换或调整轮胎、悬架（挂）或转向系统有关配件后。

（5）直行时转向盘不正。

（6）直行时车辆往左或往右拉。

（7）车辆转向时，转向盘太重或无法自动回正。

（8）行驶时感觉车身摇摆不定或有飘浮感。

（9）轮胎不正常磨损，如前轮或后轮单轮磨损。

（10）碰撞事故车维修后。

当车辆使用很长时间后，驾驶员发现转向盘转向沉重、发抖、跑偏、不正、不归位或者轮胎有单边磨损、波状磨损、块状磨损、偏磨等不正常磨损时，以及驾驶员驾驶时，车感飘浮、颠簸、摇摆等，就应该考虑检查一下车轮定位值，看看是否偏差太多，若是则需及时进行修理。

知识点 4 车轮定位的主要参数

车轮定位的主要参数见表 4-5-1。

表 4-5-1 车轮定位的主要参数

参数	示意图	参数的定义及作用
前束		定义：从汽车的_____向下看，轮胎的中心线与汽车的纵向轴线之间的夹角 作用：消除车轮外倾造成的不良后果，减轻轮毂外轴承的压力和轮胎的磨损

续表

参数	示意图	参数的定义及作用
外倾角		定义：从汽车_____看，汽车车轮的顶端向内或向外倾斜的角度 作用：增加汽车_____行驶的安全性
主销后倾角		定义：在纵向_____平面内，主销轴线与垂线之间的夹角 作用：当汽车直线行驶偶然受外力作用而稍有偏转时，主销后倾将产生车轮转向反方向的力矩使车轮自动回正，可保证汽车直线行驶的稳定性
主销内倾角		定义：从汽车的_____看，主销（或转向轴线）的上端略向内倾斜的角度 作用：车轮在受外力偏离直线行驶时，使前轮在侧轮作用下自动回正；还可减少前轮传至转向机构的冲击，转向轻便

知识点 5　影响车轮定位的主要因素

（1）在不平的路面上高速行驶。

（2）前轮受外力冲击，上人行道台阶等。

（3）经常在原地打死方向。

（4）轮胎气压超出标准范围。

课中实践

一 能力测评

二 工作任务

1. 任务分组

班级：　　　　　　　　组号：　　　　　　　　指导老师：

组长：　　　　　　　　承担任务：

姓名	承担任务	姓名	承担任务

2. 任务实践

作业内容	图　解	技术提要
1. 前期准备，检查插销		1. 安装车轮挡块 2. 检查转角盘和滑板是否在锁止位置

作业内容	图　　解	技术提要
2. 检查车辆位置		检查车辆停放状况，必要时应调整
3. 安装车内三件套		1. 安装座椅套、地板垫、方向盘套 2. 检查方向盘是否在正中位置，降下驾驶员侧的门窗玻璃 3. 检查并记录燃油表值
4. 检查后备箱		1. 检查车辆载荷是否符合定位测量要求 2. 检查后备箱是否配备三脚架、灭火器、千斤顶
5. 检查车辆载荷		1. 检查车内是否有异物 2. 在工单上记录车辆型号、VIN 码、车辆生产日期
6. 检查胎压		1. 记录车辆铭牌载明的轮胎型号和胎压 2. 检查实车安装轮胎型号是否与车辆铭牌要求一致，检查轮胎气压，必要时调整并记录

作业内容	图　解	技术提要
7. 在定位仪程序中建立用户和车辆档案		1. 在数据库中找到相应车型，选择车型数据，输入轮胎尺寸和标准胎压 2. 仪器操作路径：使用者规格库——别克威朗2016——轮胎信息 3. 将换挡杆置于空挡位置并释放驻车制动
8. 举升机操作		1. 安装垫块 2. 用小剪举升机举起车辆
9. 检查车轮		1. 检查前轮松旷状况 2. 检查后轮松旷和拖滞状况 3. 检查四轮轮辋和轮胎是否有裂纹、损坏、异常磨损等，同轴轮胎花纹是否一致 4. 测量并记录左前轮花纹深度（里、中、外都要检查到）
10. 记录数据		在工单上记录前轮花纹深度（里、中、外），记录胎压以及轮胎型号
11. 检查后减振器		1. 用大剪举升平台举起车辆至合适的高度 2. 检查左后减振器有无松动或漏油，检查弹簧有无磨损或损坏

作业内容	图　解	技术提要
12. 检查后悬架		1. 检查后桥及其托架有无松动 2. 检查后悬架锁闩连杆、中心枢轴球节、平衡梁支架固定螺栓有无松动 3. 检查右后减振器有无松动，检查弹簧有无划痕或磨损
13. 检查转向系统以及前悬架		1. 检查左前转向横拉杆/转向节/球头有无松动 2. 检查左前下控制臂/球节/前后衬套有无漏油 3. 检查前稳定杆及其连杆的情况 4. 检查右前转向横拉杆/转向节/球头的情况 5. 检查右前下控制臂/球节/前后衬套有无漏油
14. 检查前悬架		检查前悬架与车身连接螺栓（后部内侧2个螺栓） 扭力：100N
15. 检查前悬架加长件		检查前悬架加长件与车身连接螺栓（后部2个螺栓） 扭力：58N

作业内容	图　　解	技术提要
16. 举升机操作		1. 将大剪举升平台降至合适的落锁位置 2. 拔出转盘固定销 3. 控制小剪举升机缓慢回落 4. 将车轮挡块移至合适的位置 5. 按压前后车身，直至车辆悬架复位
17. 悬架复位		将车辆向后推离转角盘，插上转角盘销
18. 车辆停放		向前推动车辆，使前轮停在转角盘的中心位置
19. 车况检查		测量并记录车身高度
20. 安装卡具		依次安装 4 个车轮卡具

作业内容	图　　解	技术提要
21. 安装标板		依次安装 4 个标板
22. 进行轮毂偏位补偿		1. 操作电脑仪器——使用车轮补偿 2. 根据仪器引导推动车辆完成车轮补偿 3. 实施驻车制动
23. 安装刹车锁		用刹车锁顶住脚刹车踏板
24. 拔出插销，取下垫板		拔出转盘和滑板固定销，取下垫板
25. 按照程序检测车辆数据		操作电脑仪器——测量后倾角

续表

作业内容	图　　解	技术提要
26. 测量后倾角		按照程序引导进行定位测量
27. 测量最大转向角		1. 按照程序引导测量最大转向角 2. 仪器操作路径：第三个长方形——其他附加测量值——最大转向角
28. 按照程序返回数值页面		返回第一个长方形界面，查看数值
29. 安装方向盘锁		1. 按照程序引导，在定位调整前使用方向盘锁来锁定方向盘的位置 2. 操作举升机，升至较高的合适位置并落下安全锁
30. 查看前束值		根据前束参数判断转向拉杆的调整方向

续表

作业内容	图 解	技术提要
31. 调整前束		1. 使用 13 号、17 号、21 号扳手 2. 调整转向横拉杆，直至前束值的显示变为绿色（需记录在记录单上）
32. 固定螺母		1. 设定拉杆锁紧螺母的扭矩（45N），设定扭力扳手的扭矩（不用复原） 注意：先使用 17 号扳手固定住，再用扭力扳手调扭力 2. 将大剪举升平台降至适合操作的位置并落锁
33. 复位定位仪		1. 跳过调整后检测步骤，打印保存检测报告（打印前须将方向盘对中） 2. 复位定位仪程序
34. 收回标板和卡具		取下 4 个标板和卡具并放回初始位置
35. 收回方向盘锁和刹车锁		1. 拆除方向盘锁和刹车锁，并将其放至规定位置 2. 升起小剪举升机，使车轮悬空

续表

作业内容	图　解	技术提要
36.插入转角盘和后滑板的固定销		1.插入转角盘和后滑板的固定销,复位垫板 2.缓慢回落小剪举升机,直至其完全回位(车轮平稳落在大剪举升平台即可,位置无须调整)
37.5S工作		1.操作大剪举升机回到最低位置 2.将车辆恢复到初始状态 3.取下车内三件套,升车窗玻璃,关车门(不锁) 4.放回车辆二次举升垫块和车轮挡块

3.实施总结

组内分工	
熟练运用	
存在的问题	
改进的措施	

三　学习目标达成情况

序号	学习内容(知识、技能、行为习惯、职业素养)	评价标准			
		了解知道	理解掌握	指导下操作	独立操作

课后延伸

一 理论测试

二 任务实施巩固

要求：对操作过程用思维导图方法进行总结。

项目 ⑤

制动系统的构造与检修

项目描述

　　按照汽车制动系统检修的要求，学习制动系统、制动器、制动液和防抱死制动系统的基础知识，结合维修手册制订制动系统维修方案，规范进行常见故障的检测与维修。

学习目标

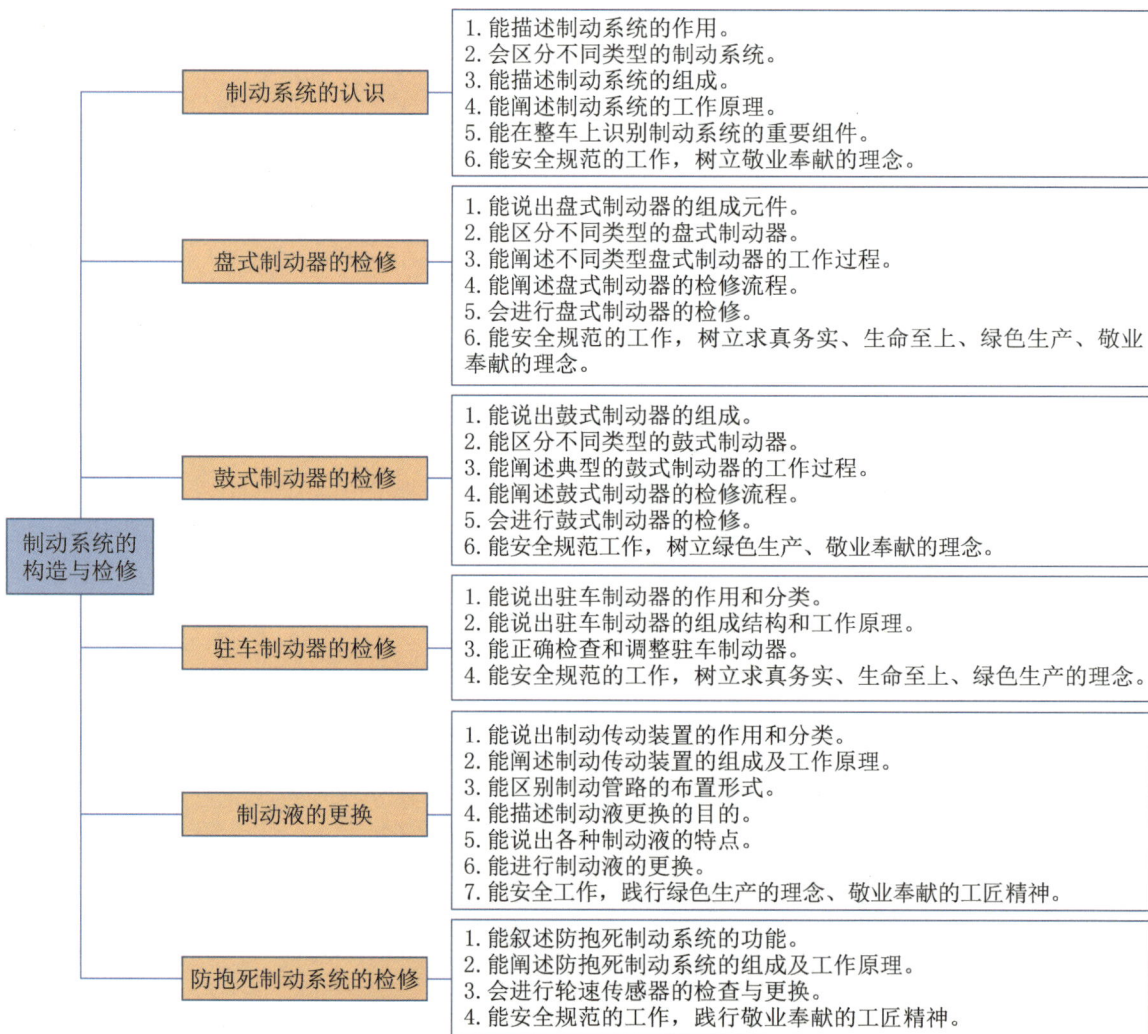

制动系统的认识	1. 能描述制动系统的作用。 2. 会区分不同类型的制动系统。 3. 能描述制动系统的组成。 4. 能阐述制动系统的工作原理。 5. 能在整车上识别制动系统的重要组件。 6. 能安全规范的工作，树立敬业奉献的理念。
盘式制动器的检修	1. 能说出盘式制动器的组成元件。 2. 能区分不同类型的盘式制动器。 3. 能阐述不同类型盘式制动器的工作过程。 4. 能阐述盘式制动器的检修流程。 5. 会进行盘式制动器的检修。 6. 能安全规范的工作，树立求真务实、生命至上、绿色生产、敬业奉献的理念。
鼓式制动器的检修	1. 能说出鼓式制动器的组成。 2. 能区分不同类型的鼓式制动器。 3. 能阐述典型的鼓式制动器的工作过程。 4. 能阐述鼓式制动器的检修流程。 5. 会进行鼓式制动器的检修。 6. 能安全规范工作，树立绿色生产、敬业奉献的理念。
驻车制动器的检修	1. 能说出驻车制动器的作用和分类。 2. 能说出驻车制动器的组成结构和工作原理。 3. 能正确检查和调整驻车制动器。 4. 能安全规范的工作，树立求真务实、生命至上、绿色生产的理念。
制动液的更换	1. 能说出制动传动装置的作用和分类。 2. 能阐述制动传动装置的组成及工作原理。 3. 能区别制动管路的布置形式。 4. 能描述制动液更换的目的。 5. 能说出各种制动液的特点。 6. 能进行制动液的更换。 7. 能安全工作，践行绿色生产的理念、敬业奉献的工匠精神。
防抱死制动系统的检修	1. 能叙述防抱死制动系统的功能。 2. 能阐述防抱死制动系统的组成及工作原理。 3. 会进行轮速传感器的检查与更换。 4. 能安全规范的工作，践行敬业奉献的工匠精神。

制动系统的构造与检修

任务 1　制动系统的认识

检修案例

　　通用科鲁兹品牌 4S 店的维修部接到一辆维修轿车。据车主描述，他是一位刚拿到驾照的新手司机，在驾车过程中，遇到复杂路况，心里紧张，没有分清油门踏板和制动踏板，误把油门踏板当制动踏板踩了下去，造成了严重的后果。那么，作为未来的汽车服务人员，理应温馨提醒客户制动系统部件的功能、安装位置等信息，以避免此类事故发生。

课前导入

　　同学们，为了完成本次工作任务，请在课前利用多种途径查阅资料预习相关知识点，也可扫一扫右方二维码进行课前学习，熟悉相关应知应会知识点，并完成下面 4 个学习知识点。

课前学习资料

知识点 1　制动系统的作用

　　❓ 思考：驾驶员在行车过程中遇到红灯时，应怎么操作？

　　汽车制动系统是强制车轮减速或停止转动的装置。制动系统的作用是：①根据需要使汽车减速或在最短的距离内停车；②下坡行驶时保持车速稳定；③使停驶的汽车可靠驻停。

　　当汽车行驶在宽阔平坦、车流和人流较少的道路上时，驾驶员可以通过高速行驶提高运输生产效率。但汽车行驶过程中也会遇到复杂多变的路面状况，如进入弯道、行经不平道路、两车交会、突遇障碍物等，为了保证汽车行驶安全，这就要求汽车在尽可能短的距离内降低车速，甚至停车。

　　此外，在汽车行驶在下坡道路上时，在重力产生的下滑力的作用下，汽车有不断加速的趋势，此时应将车速限定在安全范围内，并保持相对稳定；对于停驶的汽车，特别是在坡道上停驶的汽车，应使其可靠地驻留原地不动。

知识点 2　制动系统的类型

❓ 思考：根据日常观察，行驶中汽车制动和已停驶时汽车制动的操纵方式各是什么？

---

1. 按制动系统的作用分

行车制动系统：使行驶中的汽车降低速度甚至停车的一套专门装置（见图 5-1-1）。它是由驾驶员用脚来操纵的，习惯上被称为脚刹。

驻车制动系统：使已停驶的汽车驻留原地不动的一套装置（见图 5-1-2）。它通常是由驾驶员的手来操纵的，习惯上被称为手刹。

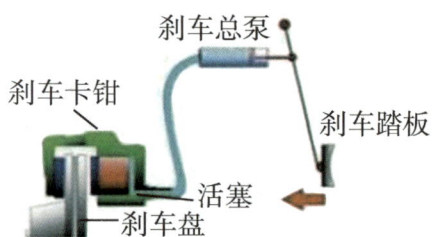

图 5-1-1　行车制动系统

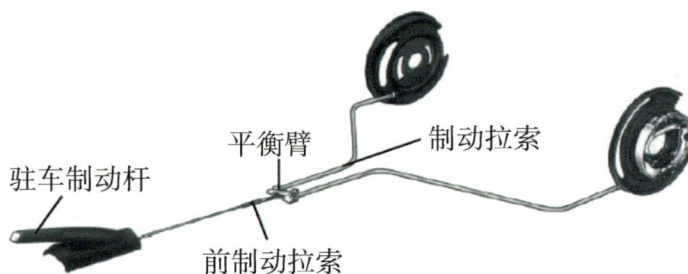

图 5-1-2　驻车制动系统

2. 按制动系统的制动能源分

人力制动系统：以驾驶员的肌体为唯一制动能源的制动系统。

动力制动系统：完全依靠发动机动力转化成的气压或液压进行制动的制动系统。

伺服制动系统：兼用人力和发动机动力进行制动的制动系统。

按照制动能量的传输方式的不同，制动系统又可分为机械式的、液压式的、气压式的和电磁式的等。同时采用两种传能方式的制动系统可称为组合式制动系统，如气顶液制动系统。

目前所有汽车都采用双回路制动系统，如轿车的左前轮和右后轮共用一条制动回路，右前轮和左后轮共用另一条制动回路，当一个回路失效时，另一个回路仍能工作，这可有效提高汽车的行车安全性。

知识点 3　制动系统的基本组成

汽车上设置有彼此独立的制动系统（见图 5-1-3），它们起作用的时刻不同，但它们的组成却是相似的，一般有以下四个组成部分。

1. 供能装置

供能装置包括供给、调节制动所需能量以及改善传能介质状态的各种部件，如气压制动系统中的空气压缩机、液压制动系统中的人的肌体。

2. 控制装置

控制装置包括产生制动动作和控制制动效果的各种部件，如制动踏板等。

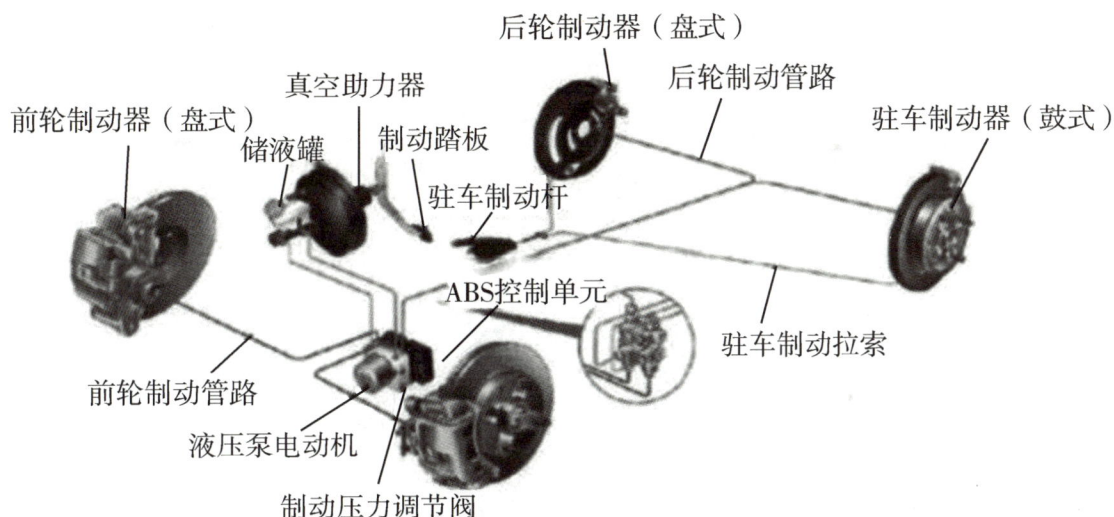

图 5-1-3　制动系统的结构

3. 传动装置

传动装置将驾驶员或其他动力源的作用力传到制动器，同时控制制动器的工作，从而获得所需的制动力矩，包括将制动能量传输到制动器的各个部件，如制动主缸、制动轮缸等。

4. 制动器

制动器是制动系统中用以产生阻碍车辆的运动或运动趋势的力（制动力）的部件。目前，各类汽车所用的摩擦制动器可分为鼓式制动器和盘式制动器两大类（见表 5-1-1）。

表 5-1-1　制动器的分类

类型	示意图	特点
鼓式制动器		优点：＿＿＿＿＿＿＿＿＿＿＿＿＿＿＿＿ 缺点：由于制动蹄、鼓处于封闭状态，散热性＿＿＿＿＿＿，不适于高速及长时间连续制动；制动蹄摩擦片浸水后，制动效果＿＿＿＿＿＿

续表

类型	示意图	特点
盘式制动器		优点：制动效能稳定； 浸水后制动效能降低； 尺寸和质量较小； 制动盘沿厚度方向的热膨胀量＿＿＿＿ 缺点：制动时＿＿＿＿产生噪声，无自动增力功能

❓ 思考：较为完善的制动系统还包括什么装置？

知识点 4 制动系统的工作原理

制动的基本原理是利用与车身相连的非旋转部件和与车轮相连的旋转部件之间的相互摩擦来阻止车轮的转动或转动的趋势。旋转部件和非旋转部件需要有摩擦力才能使车轮转动或减慢、停止，同时轮胎与地面也需要有摩擦力才能使运动中的汽车减速或停止。

制动器中的制动盘（或制动鼓）与车轮一起转动，为旋转部件；制动片（或制动蹄）与悬架相对固定，为非旋转部件。如图 5-1-4 所示，当制动系统不工作时，制动片（或制动蹄）与制动盘（或制动鼓）之间保持一定的间隙，使车轮自由旋转；制动时，驾驶员施加在制动踏板上的作用力经真空助力器放大后由液压系统传递给各个车轮制动器，使制动片（或制动蹄）与制动盘（或制动鼓）之间相互作用，产生摩擦力，降低车轮转速，同时轮胎与地面的摩擦保证了汽车减速或停止。

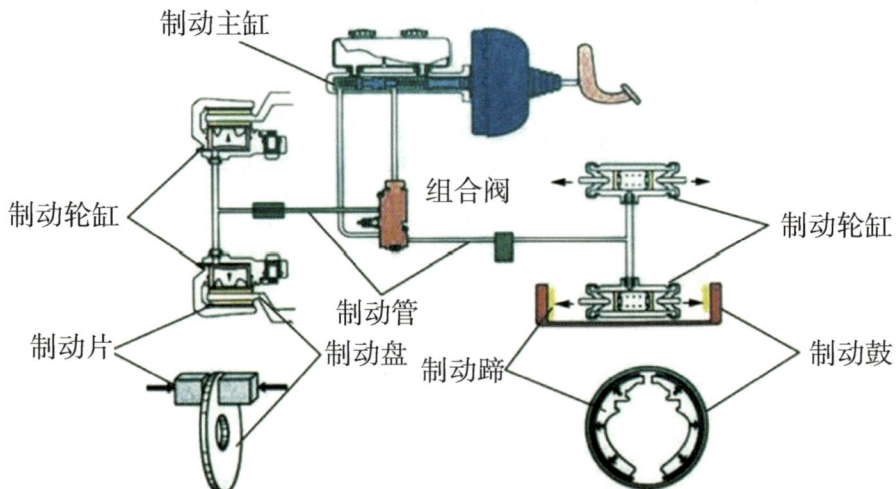

图 5-1-4　汽车制动系统的原理

💡 思考：写出制动系统的动力传递路线。

▶▶ 课中实践

一 能力测评

二 工作任务

1. 任务分组

班级：　　　　　　组号：　　　　　　指导老师：

组长：　　　　　　承担任务：

姓名	承担任务	姓名	承担任务

2. 任务实践

作业内容	图　解	技术提要
1. 找到制动踏板	制动踏板	1. 分清哪个是制动踏板 2. 踩下制动踏板，看能否踩到底，是否有异响和松动 3. 安装车辆挡块
2. 找到驻车制动杆	驻车制动杆	1. 在车上找到驻车制动杆 2. 拉紧或放松驻车制动杆，感受其驻车制动性能

作业内容	图　解	技术提要
3. 认识制动储液罐		1. 分清哪个是制动储液罐 2. 检查制动液液位，观察制动液的颜色
4. 认识制动主缸		1. 找到制动主缸的安装位置 2. 认识制动主缸的外形结构
5. 认识真空助力器		1. 找到真空助力器的安装位置 2. 认识真空助力器的结构 3. 检验真空助力器的工作情况，起动发动机，制动踏板应能_____，否则则认为真空助力器未正常工作
6. 认识车轮制动器		1. 观察前、后轮制动器安装位置 2. 指出制动器的类型 3. 认识制动器的主要组成结构
7. 认识制动管路		1. 分清哪些管路是制动管路 2. 识别制动管路的布置形式 3. 观察制动管路有无损坏、变形、凹陷、锈蚀等

3. 实施总结

组内分工	
熟练运用	
存在的问题	
改进的措施	

三　学习目标达成情况

序号	学习内容（知识、技能、行为习惯、职业素养）	评价标准			
		了解知道	理解掌握	指导下操作	独立操作

▶▶ 课后延伸

一　理论测试

二　任务实施巩固

要求：对操作过程用思维导图方法进行总结。

任务 2　盘式制动器的检修

▍检修案例

　　通用科鲁兹品牌 4S 店的维修部接到一辆维修轿车。据车主描述，在驾车过程中，踩下踏板之后，制动滞后且伴有异响。经维修人员诊断，是因为制动摩擦片达到磨损极限所致。作为未来的汽车维修工，针对此故障，结合维修手册规范地进行盘式制动器的检修。

▍课前导入

　　同学们，为了完成本次工作任务，请在课前利用多种途径查阅资料预习相关知识点，也可扫一扫右方二维码进行课前学习，熟悉相关应知应会知识点，并完成下面 2 个学习知识点。

课前学习资料

知识点 1　盘式制动器的组成

　　盘式制动器可以用于前轮，也可以用于后轮，它主要是由旋转元件（制动盘）、制动片和固定元件（制动钳）等部分组成（见图 5-2-1）。

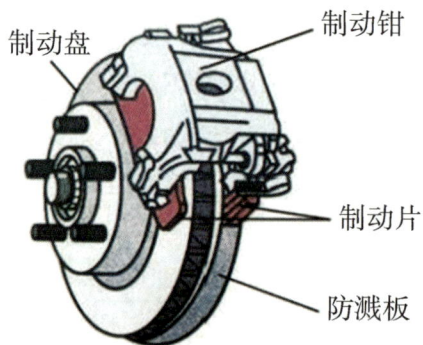

制动盘　　制动钳　　制动片　　防溅板

图 5-2-1　盘式制动器的结构

　❓ 思考：根据盘式制动器的结构，试分析制动力的传递路线。

　　当施加制动力时，制动踏板上的作用力经助力器助力放大后传递到制动主缸；制动主缸产生高液压压力，并通过制动管和软管传递给盘式制动器中的液压活塞。在液压压力的作用下，液压活塞推动制动片压紧在制动盘上（见图 5-2-2），制动片与制动盘之间的摩擦

力迫使盘式制动器的制动盘的转速下降，从而降低车速，最终使车辆停止行驶。当解除制动力时，液压下降，活塞回位，制动片与制动盘分离，两者间的摩擦力消失（见图 5-2-3）。

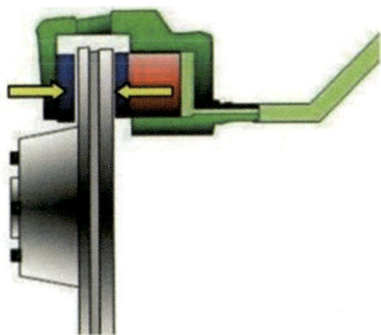

图 5-2-2　施加制动力

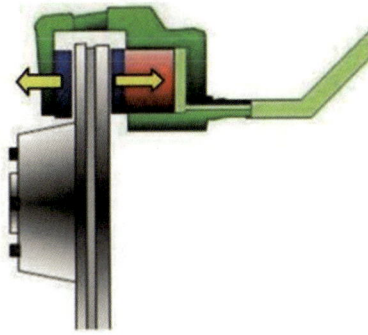

图 5-2-3　释放制动力

知识点 2　盘式制动器的类型

盘式制动器按制动钳固定在支架上的结构形式分，可分为定钳盘式制动器和浮钳盘式制动器（见图 5-2-4、图 5-2-5）。

图 5-2-4　定钳盘式制动器

图 5-2-5　浮钳盘式制动器

1. 定钳盘式制动器

定钳盘式制动器固定在悬挂装置上（见图 5-2-6），钳体在制动过程中保持不动，钳体的两侧分别有活塞，并采用密封圈密封。活塞与制动盘之间装有摩擦片，且制动片与制动钳体之间采用定位销定位。制动时，制动液被压入内外两油缸中，在液压作用下两活塞带动两侧制动块相向移动，压紧制动盘，从而产生制动力。在活塞移动的过程中，矩形橡胶密封圈的刃边在活塞摩擦力的作用下随活塞移动而产生微小的弹性变形。

解除制动时，活塞和制动块依靠矩形橡胶密封圈的弹力回位。由于矩形密封圈的刃边变形量很小，在不制动时，制动块摩擦片与制动盘之间的间隙每边都只有 0.1mm 左右，以保证解除制动。

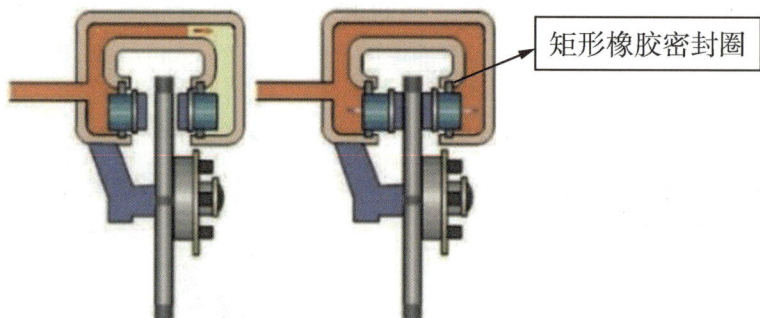

图 5-2-6　定钳盘式制动器

2. 浮钳盘式制动器

浮钳盘式制动器制动钳由支架和钳体两部分组成（见图 5-2-7）。支架紧固在悬架部件上，钳体通过导向销连接在支架上，并可以沿导向销左右滑动。制动时，活塞在制动液的液压作用下推动内制动块压向制动盘内端面，同时制动钳上的反力推动制动钳沿定位导向销移动，使外制动块也压靠在制动盘上，产生制动力，于是制动盘两边都被紧紧抱住，使其停止转动，从而实现制动。

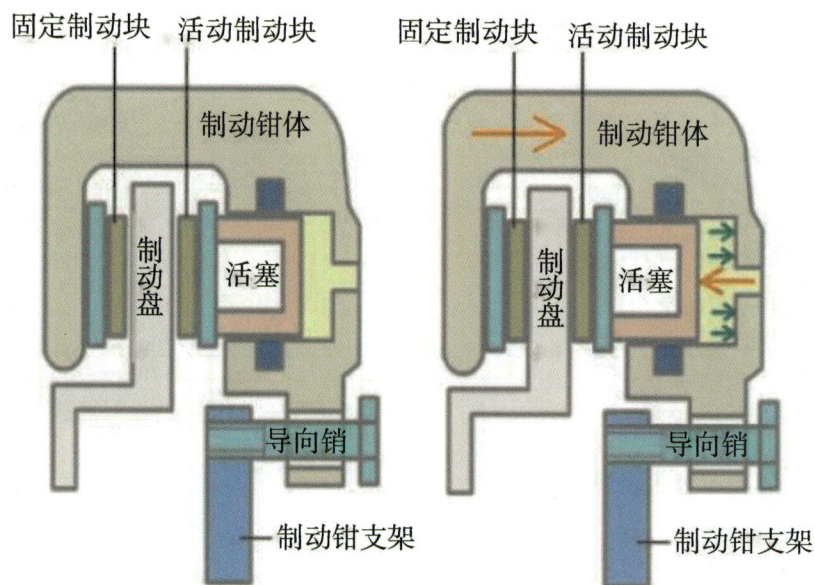

图 5-2-7　浮钳盘式制动器的工作原理

前轮制动器的制动间隙由轮缸活塞上的橡胶密封圈变形来实现。当制动时，活塞移动，密封圈变形；制动结束，活塞即在密封圈的弹性作用下回到原位。若制动盘和制动块之间产生了过量间隙，则活塞将相对于密封圈滑移，借此实现适量间隙。解除制动时，橡胶套所释放出来的弹力有助于外侧制动块离开制动盘。活塞密封圈在制动时变形，解除制动时就恢复原状，使活塞回位。

❓ 思考：分析定钳盘式制动器和浮钳盘式制动器的特点。

课中实践

一　能力测评

二　工作任务

1. 任务分组

班级：　　　　　　　　组号：　　　　　　　　指导老师：

组长：　　　　　　　　承担任务：

姓名	承担任务	姓名	承担任务

2. 任务实践

作业内容	图　解	技术提要
1. 将车辆举升至合适高度		1. 举升过程中，两人应大声呼应 2. 检查车身支承情况 3. 将车辆举升到合适高度 4. 检查举升机是否安全锁止
2. 检查车轮制动器拖滞情况		1. 双手旋转车轮 2. 按轮胎旋转方向，旋转一周，检查是否有阻力 3. 倾听是否有异常噪声

作业内容	图　解	技术提要
3. 拆卸车轮(1)——气动扳手的使用		1. 安装气管 2. 检查挡位 3. 检查旋向 4. 安装套筒
4. 拆卸车轮(2)——卸下车轮螺栓		1. 一人双手上下扶住车轮 2. 另一人使用气动扳手对角拆卸螺栓 3. 卸下车轮
5. 拆卸制动卡钳导销螺栓		1. 右手拿 18 号扳手，同时左手拿 10 号扳手 2. 两手配合使用，拆下制动卡钳导销螺栓
6. 挂上制动钳体		1. 不断开液压制动器挠性软管 2. 用 S 形钩把制动钳体挂在螺旋弹簧上
7. 卸下摩擦片		1. 双手卸下两个摩擦片 2. 双手不接触_____

续表

作业内容	图　解	技术提要
8. 取下摩擦片固定弹簧		从制动卡钳支架上取下固定弹簧
9. 检查制动分泵的泄漏情况		1. 佩戴手套配合手电筒检查 2. 接头处需触摸检查_____情况 3. 检查管路卡箍是否_____
10. 检查制动钳导销		1. 在支架孔内，里外移动导销，查看制动钳导销移动是否受限 2. 检查制动钳托架是否_____ 3. 检查制动钳导销是否_____或_____ 4. 检查护套是否_____或_____ 5. 如有上述任何状况，则需要更换制动钳导销或护套
11. 清洁摩擦片		1. 用专用清洁剂清洁摩擦片表面 2. 用抹布将多余的清洁剂擦拭干净
12. 测量摩擦片厚度		1. 清洁表面，目视摩擦片有无不均匀磨损 2. 左手水平拖住摩擦片，右手用直尺垂直测量 3. 测量内侧_____位置的厚度（磨损极限为 2mm）

作业内容	图　　解	技术提要
13. 组装磁性表座	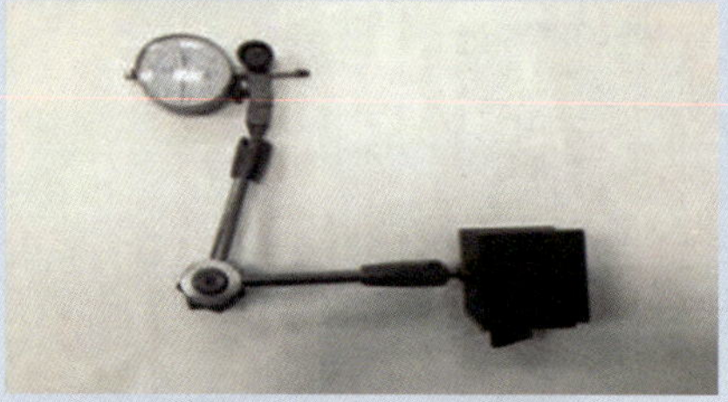	正确安装，如左图所示
14. 清洁转子盘		1. 用专用清洁剂清洁摩擦片表面 2. 用抹布将多余的清洁剂擦拭干净
15. 安装车轮螺栓		按_____顺序均匀交替紧固螺母，并按照_____顺序带紧
16. 安装磁性表座		1. 磁性表座安装位置要正确 2. 百分表表头安装位置要正确（距离边缘_____mm）
17. 调零		1. 移动表头，使表头抵在轮毂边缘上 2. 百分表预压_____，调零
18. 测量		1. 旋转车轮至少_____ 2. 同时观察其跳动量（小于 0.1mm）

作业内容	图　解	技术提要
19. 目视表面		1. 目视转子盘表面 2. 观察有无_____
20. 测量转子盘厚度（1）——千分尺校零		1. 选用适当量程的千分尺 2. 正确校零
21. 测量转子盘厚度（2）——测量		1. 测量其厚度（距离边缘 mm） 2. 每_____测量一次，共测三次 3. 标准值为 26mm，极限值为_____ mm
22. 安装摩擦片固定弹簧		1. 在摩擦片固定弹簧表面涂抹上润滑油脂 2. 将固定弹簧安装在制动卡钳支架上
23. 安装摩擦片		1. 双手安装摩擦片，且双手不接触摩擦片的摩擦面 2. 一只手按住摩擦片，一只手取下制动钳体 3. 将制动钳体安装到位
24. 安装制动卡钳导销螺栓		1. 安装制动卡钳钳体 2.10 号与 18 号扳手配合使用，旋紧 3. 用扭力扳手旋紧（_____ N·m） 4. 偏转车轮（正向）

续表

作业内容	图　解	技术提要
25. 安装车轮		1. 双手上下扶住车轮，进行安装 2. 安装车轮螺栓 3. 使用摇把旋紧车轮螺栓 4. 车落地之后，用扭力扳手旋紧（_____ N·m）
26. 5S工作		1. 收起翼子板布、前格栅布，放到规定位置，盖上发动机舱盖 2. 收起三件套，丢弃至指定垃圾箱中 3. 拔出钥匙，锁好车门，钥匙放回指定位置 4. 清洁车辆、地面及工具 5. 安全规范工作，树立绿色生产、敬业奉献的理念

3. 实施总结

组内分工	
熟练运用	
存在的问题	
改进的措施	

三　学习目标达成情况

序号	学习内容（知识、技能、行为习惯、职业素养）	评价标准			
		了解知道	理解掌握	指导下操作	独立操作

课后延伸

一　理论测试

二　任务实施巩固

要求：对操作过程用思维导图方法进行总结。

任务 3　鼓式制动器的检修

▎▎检修案例

通用科鲁兹品牌 4S 店的维修部接到一辆 2013 款维修轿车。据车主描述，在驾车过程中，踩下踏板之后，制动滞后且伴有异响。经维修人员诊断，是因为制动蹄片达到磨损极限所致。作为未来的汽车维修工，针对此故障，结合维修手册规范地进行鼓式制动器的检修。

▎▎课前导入

同学们，为了完成本次工作任务，请在课前利用多种途径查阅资料预习相关知识点，也可扫一扫右方二维码进行课前学习，熟悉相关应知应会知识点，并完成下面 2 个知识点的学习。

课前学习资料

知识点 1　鼓式制动器的结构

鼓式制动器可以应用在前轮上，也可以应用在后轮上。鼓式制动器相对盘式制动器有更多的组成部件，其基本部件主要包括制动底板、制动轮缸、回位弹簧、制动蹄、制动鼓等（见图 5-3-1）。简单的鼓式制动器由旋转部分、固定部分、促动装置和间隙调整装置组成。

旋转部分为制动鼓；固定部分为制动底板和制动蹄，制动底板固装在车桥的凸缘盘上，通过支承销与制动蹄相连。促动装置的作用是对制动蹄施加力使其向外张开，常用的促动装置有凸轮或车轮分泵（制动轮缸）。间隙调整装置的作用是保持和调整制动蹄与制动鼓，使两者有正确的相对位置。

图 5-3-1　鼓式制动器的结构
1—制动鼓；2—制动轮缸；3—制动底板；
4—回位弹簧；5.制动蹄

？ 思考：根据鼓式制动器的结构，试分析制动力的传递路线。

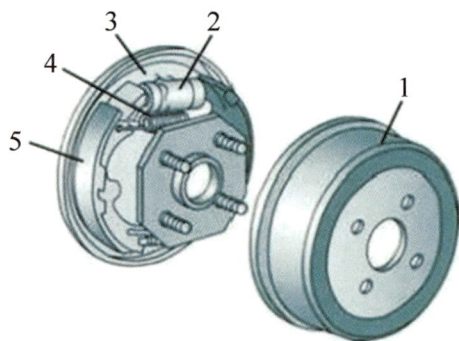

知识点 2　鼓式制动器的分类

1. 按促动装置不同分

鼓式制动器多为内张双蹄式，按促动装置的形式分，可分为轮缸式制动器、凸轮式制动器和楔块式制动器（见图 5-3-2）。

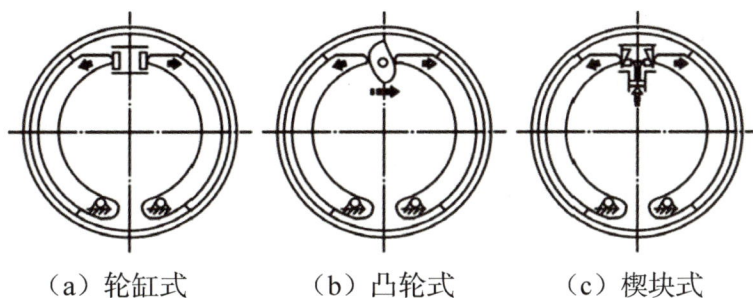

（a）轮缸式　　　　（b）凸轮式　　　　（c）楔块式

图 5-3-2　鼓式制动器的类型

2. 按产生制动力矩的不同分

在制动过程中，如果制动蹄绕支承销转动，且与制动鼓旋转方向相同，会将制动鼓压得更紧，起到增势的作用，则称为"增势蹄"或"领蹄"；如果制动蹄绕支承销转动，且与制动鼓旋转方向相反，有使制动蹄离开制动鼓的趋势，起减势作用，则称为"减势蹄"或"从蹄"。根据制动过程中两制动蹄产生的制动力矩的不同，鼓式制动器可分为领从蹄式制动器、双领蹄式制动器、双向双领蹄式制动器、双从蹄式制动器、单向自增力式制动器和双向自增力式制动器等。

（1）领从蹄式制动器

领从蹄式制动器的特点是两个制动蹄各有一个支点，其中一个蹄在轮缸促动力作用下，张开时的旋转方向与制动鼓的旋转方向一致，称为领蹄；另一个蹄张开时的旋转方向与制动鼓的旋转方向相反，称为从蹄（见图 5-3-3）。

（2）双领蹄式制动器

汽车前进时两个制动蹄均为领蹄的制动器称为双领蹄式制动器。双领蹄式制动器的结构特点是，每一个制动蹄都用一个单活塞制动轮缸促动，且固定元件的结构布置是中心对称的（见图 5-3-4）。

（3）双向双领蹄式制动器

双向双领蹄式制动器使用了两个双活塞轮缸，无论汽车前进还是后退，都是双领蹄式制动器，故称双向双领蹄式制动器（见图 5-3-5）。

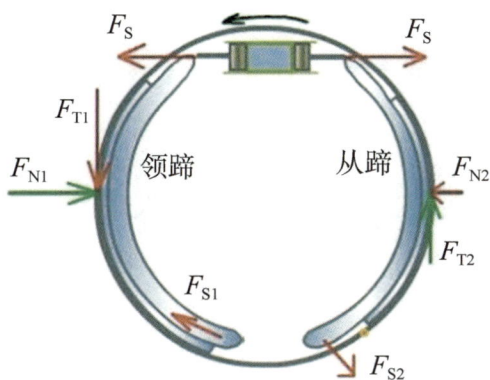

图 5-3-3　领从蹄式制动器的制动原理及制动蹄受力简图

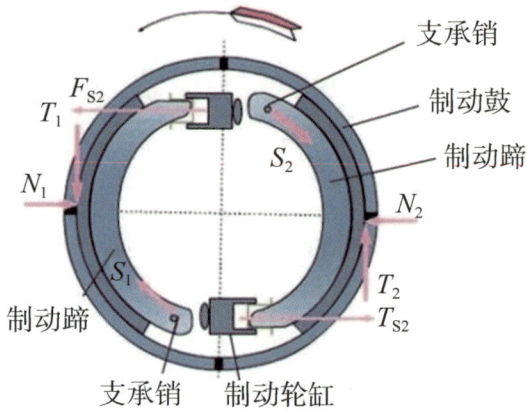

图 5-3-4   双领蹄式制动器的工作原理

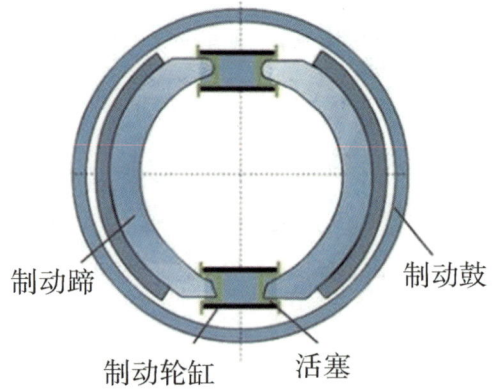

图 5-3-5   双向双领蹄式制动器的工作原理

（4）双从蹄式制动器

汽车前进时两个制动蹄均为从蹄的制动器称为双从蹄式制动器（见图 5-3-6）。

（5）单向和双向自增力式制动器

单向自增力式制动器的特点是两个制动蹄只有一个单活塞制动轮缸，第二制动蹄的促动力来自第一制动蹄对顶杆的推力，两个制动蹄在汽车前进时均为领蹄，但倒车时能产生的制动力很小。

双向自增力式制动器的特点是两个制动蹄的上方有一个双活塞制动轮缸，轮缸的上方还有一个制动蹄支承销，两个制动蹄的下方用顶杆相连。无论汽车前进还是后退，都与自增力式制动器相当，故称双向自增力式制动器（见图 5-3-7）。

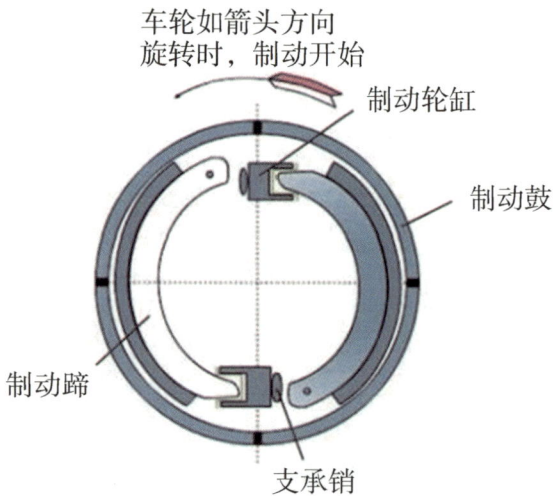

图 5-3-6   双从蹄式制动器示意图

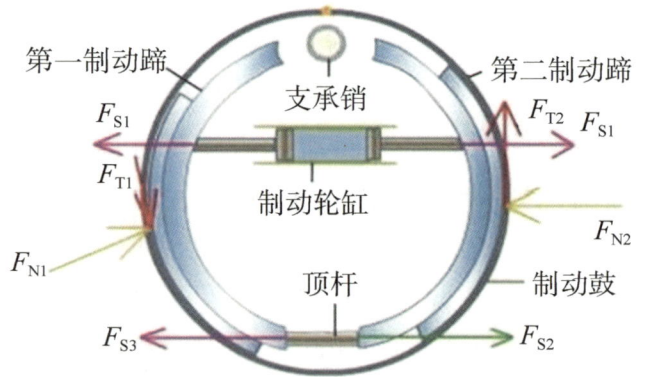

图 5-3-7   双向自增力式制动器的工作原理

❓ 思考：试比较以上鼓式制动器制动力的大小。

课中实践

一 能力测评

二 工作任务

1. 任务分组

班级：   组号：   指导老师：

组长：   承担任务：

姓名	承担任务	姓名	承担任务

2. 任务实践

作业内容	图　解	技术提要
1. 车辆防护		1. 使车辆位于举升机位的正常举升初始位置 2. 安装车轮挡块 3. 拉紧驻车制动器 4. 安装三件套
2. 前期准备工作		1. 安装挡块与垫块，位置要正确 2. 解转向盘锁，钥匙旋转到 ON 位置 3. 放下驻车制动器 4. 将挡位调到空挡

作业内容	图　解	技术提要
3. 拆下后轮轮胎		1. 拆下后轮轮胎，拆下前先用 19 号套筒加指针扳手进行预松 2. 将车辆举升至合适位置，一般以操作人员胸前高度为宜 3. 用棘轮扳手卸下固定螺母
4. 拆下制动鼓螺钉		用 TX30 卸开后，直取出螺钉
5. 拆下制动鼓		1. 取下后将零部件放入零件车中或垫胶上，具体根据实际条件操作 2. 清洁制动鼓内表面
6. 拆卸调节弹簧		1. 用尖嘴钳取下调节弹簧 2. 将调节器弹簧弯钩端与调节器执行器杆上的凸舌分离，释放制动蹄辐板孔上的弹簧 3. 取下后将零部件放入零件车中或垫胶上，具体根据实际条件操作
7. 拆下调节器总成		1. 使用执行杆将调节器与调节器总成分离 2. 拆下调节器总成，放松制动蹄 3. 取下后将零部件放入零件车中或垫胶上，具体根据实际条件操作

作业内容	图　　解	技术提要
8. 拆下制动蹄弹簧		用夹钳或其他工具压缩定位销弹簧，使定位销能自由转动，旋动定位销使其从弹簧座圈锁口中退出
9. 拆下制动蹄		压缩制动轮缸，转动轮缸活塞，使挡口朝外，取下制动蹄组件
10. 拆下制动蹄回位弹簧		拆下制动蹄回位弹簧，取下后将零部件放入零件车中或垫胶上，具体根据实际条件操作
11. 将驻车拉索从驻车杆上拆下		切记拆卸时不要用力过大，以防止部件变形
12. 按拆解顺序放好零件		1. 分解制动蹄组件，拆解上、下复位弹簧，定位弹簧，驻车制动推杆 2. 拆解后将零部件放入零件车中或垫胶上，具体根据实际条件操作

作业内容	图　解	技术提要
13. 测量制动蹄		1. 用游标卡尺测量制动蹄摩擦片的厚度（不包括衬片厚度） 2. 标准值为 5mm，使用极限为_____ mm 3. 更换新的制动摩擦片或制动鼓时，应用砂纸对其工作面进行适当的均匀打磨
14. 检查制动分泵		1. 检查制动分泵有_____ 2. 检查制动分泵是否能进行左右移动
15. 将调节器总成安装至调节器执行杆上		将调节器总成安装至调节器执行杆上时，尽可能旋转调节器，不应发生卡滞现象
16. 将驻车拉索安装至驻车制动杆上		将驻车拉索安装至_____上，安装要到位
17. 安装制动蹄回位弹簧		用起子将回位弹簧安装到位，确保弹簧卡扣和制动蹄安装牢固

作业内容	图　解	技术提要
18. 安装制动蹄弹簧		1. 用 CH-346 专用工具拧动弹簧帽 2. 定位销弹簧弹力较大，安装时应使弹簧帽锁口与定位销扁头错开 _____，慢慢放松
19. 安装调节弹簧		用尖嘴钳安装调节弹簧，确保弹簧上的搭扣与执行杆上的凸舌充分接合
20. 调节鼓式制动器		1. 检查制动鼓内圈有无烧损、刮痕和凹陷 2. 清洁 CH-21177-A 量规，用 CH-21177-A 量规定位至制动鼓内径的最宽点处 3. 从制动鼓上拆下 CH-21177-A 量规，并将其安置到相应的制动蹄上的最宽点处 4. 当将 CH-21177-A 量规保持在适当位置时，在 CH-21177-A 量规的一侧与相应的制动蹄摩擦衬片之间插入适当的测隙规 5. 转动制动蹄调节器螺钉直到制动蹄衬片接触到 CH-21177-A 量规和测隙规 6. 制动蹄摩擦衬片与制动鼓间的间隙为 _____ mm
21. 安装制动鼓		1. 如果安装新的制动鼓，则使用工业酒精或同等制动器清洗剂和干净的抹布清除制动鼓摩擦表面的涂层 2. 清洁制动鼓内表面

作业内容	图　解	技术提要
22. 安装制动鼓螺钉		安装鼓式制动器螺钉，并紧固至_____N·m
23. 5S 工作		1. 收起翼子板布、前格栅布，放到规定位置，盖上发动机舱盖 2. 收起三件套，丢弃至指定垃圾箱中 3. 拔出钥匙，锁好车门，钥匙放回指定位置 4. 清洁车辆、地面及工具 5. 安全规范工作，树立绿色生产、敬业奉献的理念

3. 实施总结

组内分工	
熟练运用	
存在的问题	
改进的措施	

三　学习目标达成情况

序号	学习内容(知识、技能、行为习惯、职业素养)	评价标准			
		了解知道	理解掌握	指导下操作	独立操作

课后延伸

一 理论测试

二 任务实施巩固

要求：对操作过程用思维导图方法进行总结。

任务 4　驻车制动器的检修

任务案例

　　丰田品牌 4S 店的维修部接到一辆维修轿车。据车主描述，该车已使用 8 年，最近在坡道上停车发现有溜车现象，感觉手刹有点松动，刹不住。经检查，维修人员怀疑该车驻车制动器的拉线可能松动或是损坏。作为未来的汽车维修工，针对此故障需要对驻车制动器进行相关检查，并进行调整。

课前导入

　　同学们，为了完成本次工作任务，请在课前利用多种途径查阅资料预习相关知识点，也可扫一扫右方二维码进行课前学习，熟悉相关应知应会知识点，并完成以下学习任务。

课前学习资料

知识点 1　驻车制动器的定义及作用

　❓思考：车辆停止后下车前应确认什么之后才可下车？

_____

_____

1. 定义

驻车制动器又称手制动器，俗称手刹，如图 5-4-1 所示。

图 5-4-1　驻车制动器

2. 作用

(1)车辆停驶后防止滑溜。

(2)使车辆在坡道上能顺利起步。

(3)行车制动失效后临时使用或配合行车制动器进行紧急制动。

知识点 2　驻车制动器的分类

按驻车制动器在汽车上安装位置的不同，驻车制动器分为中央制动式的和车轮制动式的。

前者的制动器通常安装在变速器后面，其制动力矩作用在传动轴上；后者和行车制动装置共用制动器(通常为后轮制动器)，又称复合制动器，两者只是传动装置互相独立。驻车制动传动装置一般采用人力机械式的，通过钢索或杠杆来驱动。

按结构形式的不同，驻车制动器也可分为鼓式的、盘式的、带式的和弹簧作用式的。

知识点 3　驻车制动器的结构及工作原理

？ 思考：请对比 2013 年和 2015 年出厂的科鲁兹后轮有什么区别。

驻车制动系统如图 5-4-2 所示。驻车制动时，拉起制动杆，制动杆力通过操纵机构使驻车制动拉索收紧，拉索则拉动驻车制动杠杆的下端，使之绕上端支点顺时针转动，制动杠杆转动过程中，其中间支点推动驻车制动推杆左移，使前制动蹄压向制动鼓。前制动蹄压向制动鼓后，制动推杆停止运动，则驻车制动杠杆的中间支点变成其继续移动的新支点，于是驻车制动杠杆的上端右移，使后制动蹄压靠在制动鼓上，产生制动作用。此时，驻车制动杆上的棘爪嵌入齿扇上的棘齿内，起锁止作用。

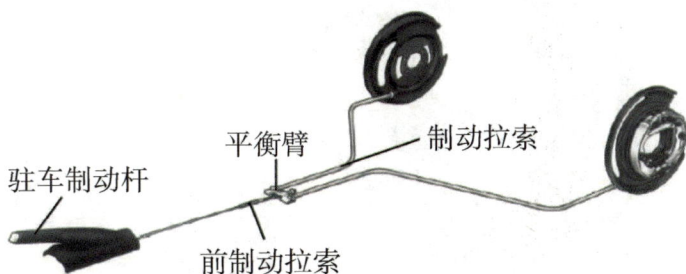

图 5-4-2　驻车制动系统

解除驻车制动时，按下驻车制动杆上的按钮，使棘爪脱离棘齿，制动杆回到释放制动位置，松开驻车制动拉索，则制动蹄在复位弹簧的作用下回位。驻车制动器的工作原理如图 5-4-3 所示。

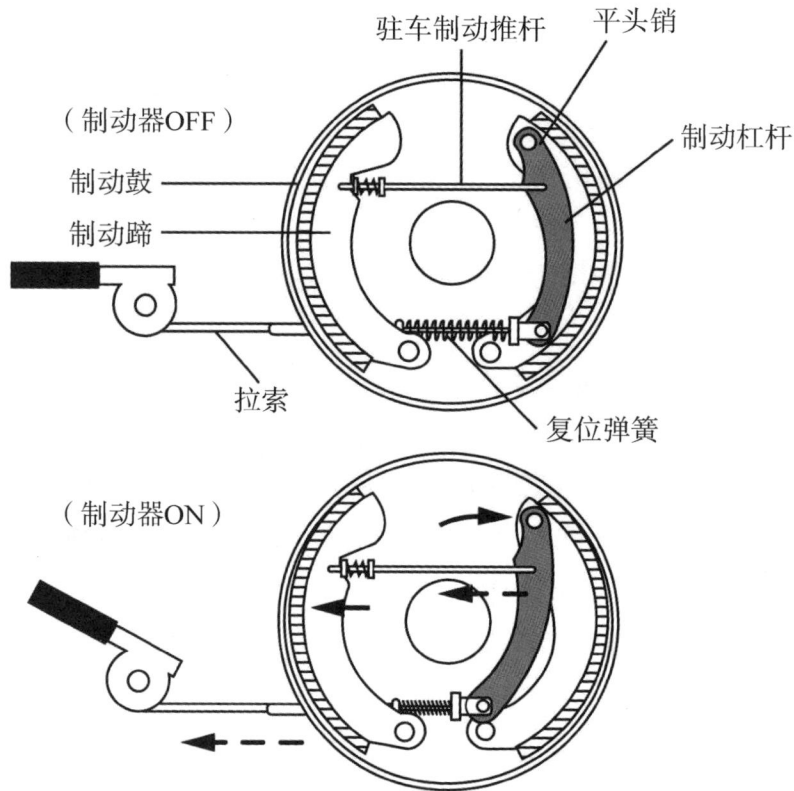

（制动器OFF）

制动鼓

制动蹄

拉索

驻车制动推杆　平头销

制动杠杆

复位弹簧

（制动器ON）

图 5-4-3　驻车制动器的工作原理图

对于四个车轮采用盘式制动器的车型来说，驻车用的小型鼓式驻车制动器内置于后轮盘式制动器中，并通过拉索和连杆等机构固定在盘式制动器上。如图 5-4-4 所示为别克凯越车型驻车制动器的结构。

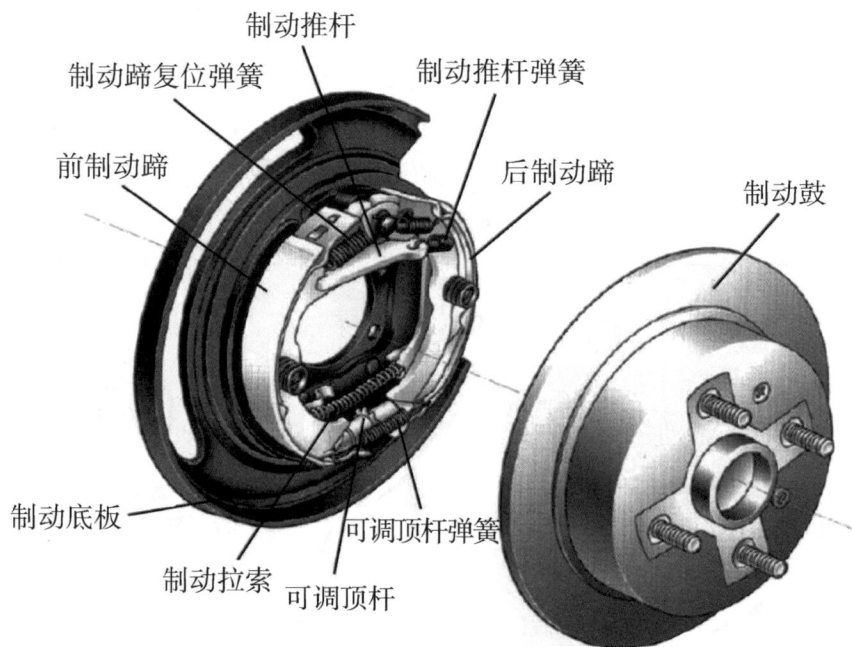

制动蹄复位弹簧

制动推杆

制动推杆弹簧

前制动蹄

后制动蹄

制动鼓

制动底板

制动拉索

可调顶杆弹簧

可调顶杆

图 5-4-4　别克凯越车型驻车制动器的结构

知识点 4　电子驻车制动系统

❓ 思考：2015 年之后的车辆基本上没有驻车制动器手柄，那么问下，它去哪里了呢？我们现在要怎样去实施驻车呢？

为了能够确保驻车成功，以前驾驶员必须用力拉手动制动杆或用力踩脚部空间里的辅助制动踏板，而现在只需要轻轻按仪表板上的开关就可以了，这是因为在车辆中安装的电子驻车制动系统替代了常规的手动驻车制动器。电子驻车制动系统不仅能在驻车时提供辅助，而且在山路行驶时，通过它的智能操作，还能够确保车辆安全制动并且保持一个必需的停顿。电子驻车制动系统如图 5-4-5 所示。

图 5-4-5　电子驻车制动系统

1. 电子驻车制动系统的主要结构

电子驻车制动元件的布置如图 5-4-6 所示。电子驻车制动系统的基本组成如图 5-4-7 所示。

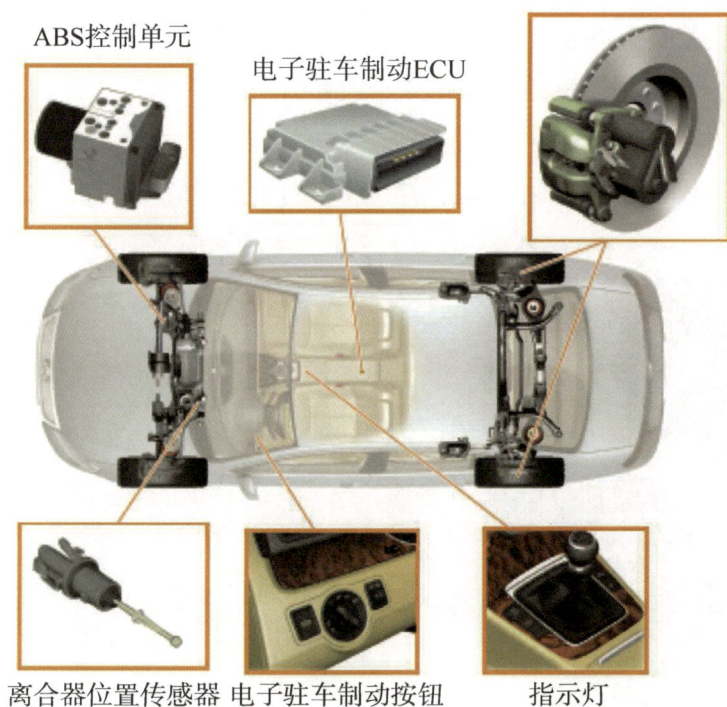

ABS控制单元　电子驻车制动ECU

离合器位置传感器　电子驻车制动按钮　指示灯

图 5-4-6　电子驻车制动元件的布置

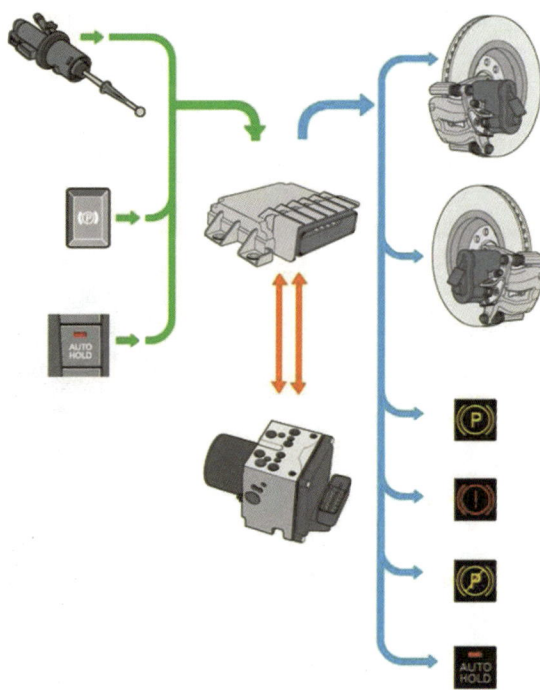

图 5-4-7　电子驻车制动系统的基本组成

（1）后轮制动执行器

后轮制动执行器是一个电控机械式伺服单元，它集成在后车轮制动钳中。通过电机、多级变速器及螺杆传动，制动执行器将命令"操作驻车制动器"转换成相应的力，然后制动摩擦片以这个力压靠到制动盘上。后轮制动执行器如图 5-4-8 所示。

图 5-4-8 后轮制动执行器

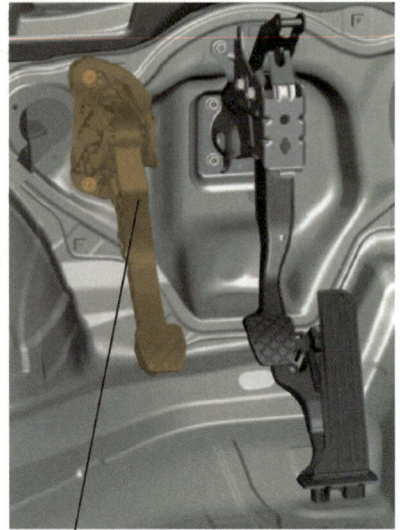

带离合器位置传感器的离合器踏板

图 5-4-9 离合器位置传感器

（2）离合器位置传感器

离合器位置传感器固定在主动缸上。通过这个传感器可以获知，驾驶员是否踩了离合器踏板。出现下列情况时，需要使用离合器位置传感器信号：①发动机起动；②关闭定速巡航装置；③暂时降低喷射量和阻止由此而产生的换挡过程中发动机急冲现象；④用于电子驻车制动器"动态起动辅助"功能。离合器位置传感器如图 5-4-9 所示。

（3）电子驻车制动按钮

通过电子驻车制动按钮可以打开或关闭电子驻车制动器。这个按钮位于车灯旋钮的左边，如图 5-4-10 所示。

图 5-4-10 电控机械式驻车制动器按钮

（4）指示灯

组合仪表及各个按钮的指示灯能显示电子驻车制动器的状态，如表 5-4-1 所示。

表 5-4-1　指示灯所对应的电子驻车制动器的状态

名称	图标	位置及作用
电子驻车制动器指示灯		指示灯位于电子驻车制动器按钮中。按下按钮后驻车制动器工作，指示灯亮
制动装置指示灯		指示灯位于组合仪表中。驻车制动器工作时，指示灯亮
电子驻车制动器故障指示灯		故障指示灯位于组合仪表中。如果制动装置发生故障，故障指示灯亮，请立即将车辆送至工厂检修
自动保持（AUTO HOLD）指示灯		指示灯位于 AUTO HOLD 按钮中。按下按钮并且 AUTO HOLD 打开时，指示灯亮

2. 电子驻车制动系统的功能

电子驻车制动系统有以下功能：驻车制动功能、动态起动辅助功能、动态紧急制动功能、AUTO HOLD（自动驻车）功能。

根据车速基本上可以将制动模式分为两种：

(1)静态模式（车速低于 7km/h）；

(2)动态制动模式（车速高于 7km/h）。

在静态模式下，驻车制动器的开启和关闭为电控机械式的。在动态制动模式下，所有车轮的制动由液压控制。

3. 电子驻车制动系统的优点

与传统的手动制动器相比，电子驻车制动系统具有很多优点。

(1)在内部空间结构中有更大的自由度。

无须安装手动制动杆，并由一个按钮来替代。这样就可以使内部空间结构具有更大的自由度并且使中控台和脚部空间的设计更自由。

（2）对于顾客来说，扩展了功能性。

由于使用了电子控制系统和 CAN（控制器局域网）联网，电控驻车制动器能提供给顾客更多有用的功能（如 AUTO HOLD 功能、动态起动辅助功能）以及更好的舒适度。

（3）简化了装配过程。

由于无须安装手动制动杆及手制动拉索，大大简化了车辆的生产过程和装配过程。

（4）有自诊断功能。

电子驻车制动系统是一个机电一体化系统。该系统的功能会被持续监控。

电子驻车制动器与手动制动器的比较如表 5-4-2 所示。

表 5-4-2　电子驻车制动器与手动制动器的比较

项目	电子驻车制动器	手动制动器
操作	按电子驻车制动器按钮	拉手动制动杆
松开	按电子驻车制动器按钮	松开手动制动杆
在斜坡上起动	在车辆起动时，电子驻车制动器自行松开	很难一起操作手动制动器、油门和离合器踏板
Stop-and-Go（启停）	在 AUTO HOLD 功能接通的状态下，每次驻车时，车辆自动停住	经常关闭和打开手动制动器或经常踩脚制动器

课中实践

一　能力测评

二　工作任务

1. 任务分组

班级：　　　　　组号：　　　　　指导老师：

组长：　　　　　承担任务：

姓名	承担任务	姓名	承担任务

2. 任务实践

作业内容	图解	技术提要
1. 车辆的基本防护		1. 使车辆位于举升机位的正常举升初始位置 2. 安装车轮挡块 3. 拉紧驻车制动器 4. 安装三件套
2. 拆下后地板控制台总成、仪表板左下装饰板和仪表板右下装饰板		1. 使用装饰板拆装工具进行拆卸 2. 拆卸时注意卡扣 3. 将挡位提前挂至 D 挡，便于拆卸
3. 完全松开驻车制动杆		1. 将驻车制动操纵杆彻底释放 2. 转动两个后轮时，两个后轮应能自由转动
4. 松开锁紧螺母和调整螺母以完全松开驻车制动器拉锁		1. 工具：10 号长套筒、10 号扳手、短接杆、快速扳手 2. 工具要选用合适的 3. 分清螺栓的旋向 4. 区分清楚锁紧螺母和调整螺母

作业内容	图　　解	技术提要
5. 发动机停机时，完全踩下制动踏板 3～5 次		用力踩下制动踏板 3～5 次
6. 转动调整螺母，直到驻车制动拉杆行程修正至规定范围内		1. 驻车制动拉杆行程：用 200N 的力（20kg）拉动驻车制动拉杆进行驻车制动 2. 驻车制动拉杆的行程应为 6～9 个槽口
7. 紧固锁紧螺母		紧固螺栓扭矩为 6N・m
8. 操作驻车制动拉杆 3～4 次，并检查驻车制动拉杆行程		1. 驻车制动杆行程：用 200N 的力（20kg）拉动驻车制动拉杆进行驻车制动 2. 驻车制动拉杆的行程应为 6～9 个槽口

续表

作业内容	图　解	技术提要
9. 5S 工作		1. 收起翼子板布、前格栅布，放到规定位置，盖上发动机舱盖 2. 收起三件套，丢弃至指定垃圾箱中 3. 拔出钥匙，锁好车门，钥匙放回指定位置 4. 清洁车辆、地面及工具 5. 安全规范工作，树立服务人民、生命至上、绿色生产、敬业奉献的理念

3. 实施总结

组内分工	
熟练运用	
存在的问题	
改进的措施	

三　学习目标达成情况

序号	学习内容（知识、技能、行为习惯、职业素养）	评价标准			
		了解知道	理解掌握	指导下操作	独立操作

课后延伸

一　理论测试

二 任务实施巩固

要求：对操作过程用思维导图方法进行总结。

任务 5　制动液的更换

检修案例

通用科鲁兹品牌 4S 店的维修部接到一辆维修轿车。据车主描述，在驾车过程中，踩下踏板之后，制动滞后。经维修人员诊断，是因为制动液变质所致。作为未来的汽车维修工，针对此故障，结合维修手册规范地进行制动液的更换。

课前导入

同学们，为了完成本次工作任务，请在课前利用多种途径查阅资料预习相关知识点，也可扫一扫右方二维码进行课前学习，熟悉相关应知应会知识点，并完成下面 6 个知识点的学习。

课前学习资料

知识点 1　制动传动装置的作用和分类

❓ 思考：行车过程中，制动系统如何将驾驶员施加在制动踏板上的力传递到车轮，使其减速或停止？

1. 作用

制动传动装置的作用是将驾驶员或其他动力源的作用传给制动器，同时控制制动器工作，获得所需的制动力矩。

2. 分类

制动传动装置按传力介质的不同可分为液压式的、气压式的和气液综合式的；按制动管路套数的不同可分为单管路制动传动装置和双管路制动传动装置。

❓ 思考：在双管路制动传动装置中，若其中一套管路损坏时，是否会导致制动系统失灵？

知识点 **2** 液压式制动传动装置

1. 组成

液压式制动传动装置由制动踏板、制动主缸、储液罐、制动轮缸、油管等组成。现代汽车上采用了各种制动力调节装置,用以调节前、后车轮制动管路的工作压力。常用的调节装置有限压阀、比例阀、感载比例阀和惯性阀等(见图 5-5-1)。

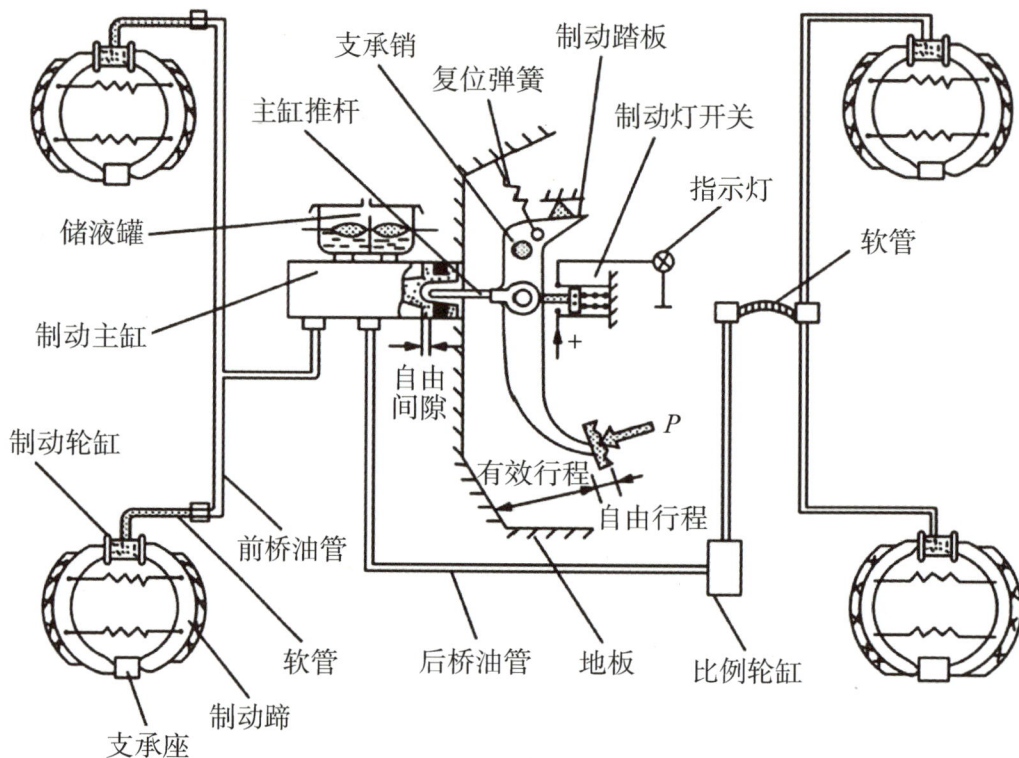

图 5-5-1 制动传动装置的基本组成

2. 液压式制动传动装置的分类

双管路液压制动传动装置是利用彼此独立的双腔制动主缸,通过两套独立管路,分别控制两桥或三桥的车轮制动器。常见的双管路液压制动传动装置有前后独立式和交叉式两种形式(见图 5-5-2)。

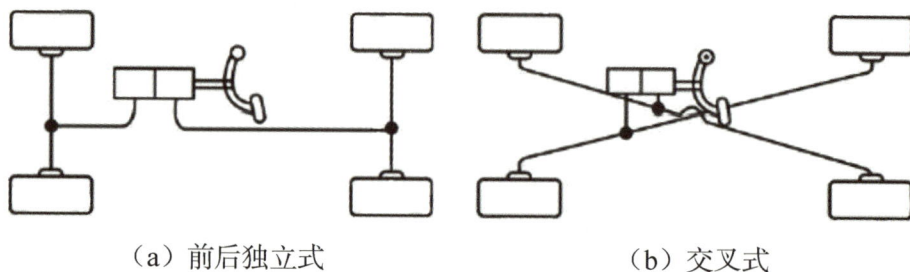

（a）前后独立式　　　　（b）交叉式

图 5-5-2 液压制动传动装置的类型

前后独立式双管路液压制动传动装置由双腔制动主缸通过两套独立的管路分别控制前桥和后桥的车轮制动器。这种布置方式结构简单，如果其中一套管路损坏漏油，另一套仍能起作用，但会破坏前后桥制动力分配的比例，主要用于发动机前置后轮驱动的汽车。

交义式双管路液压制动传动装置由双腔制动主缸通过两套独立的管路分别控制前后桥对角线方向的两个车轮制动器。这种布置方式在任一管路失效时，仍能保持一半的制动力，且前后桥制动力分配比例保持不变，这有利于提高制动方向的稳定性，主要用于发动机前置前轮驱动的车型。

知识点 3　制动主缸

1. 作用

制动主缸(见图 5-5-3)的作用是将外界输入的机械能转换成液压能，并将液压能通过制动液再传输给制动轮缸。

制动主缸分单腔和双腔两种(图 5-5-4)，分别用于单、双回路液压制动系统。

(a) 单管路液压制动总泵　　　　(b) 双管路液压制动总泵

图 5-5-3　制动主缸　　　　　　图 5-5-4　制动主缸的分类

2. 结构及工作原理

制动主缸的结构及工作原理如图 5-5-5 所示。制动主缸上端装有储油罐，制动主缸内的活塞通过真空助力器内的推杆和制动踏板相连。踩下制动踏板推动活塞运动，进油孔关闭，各制动轮缸产生制动油压。松开制动踏板，活塞恢复到初始位置，制动油压消失，制动解除。制动液经制动主缸及液压管路到达制动轮缸。当踩下制动踏板时，两活塞在主缸推杆的作用下开始运动，并将进油孔关闭，在(A)(B)工作腔内产生油压，如图 5-5-5(b)所示，车轮制动器产生制动力。解除制动时，活塞在弹簧作用下回位，液压油自轮缸和管路流回到制动主缸。当后轮制动管路发生泄漏时，如图 5-5-5(c)所示，在(B)工作腔内不能产生油压，但在(A)工作腔内仍会产生油压。当前轮制动管路发生泄漏时，如图 5-5-5(d)所示，在(A)工作腔内不能产生油压，活塞①推着活塞②使其顶到制动主缸缸体上，此时在(B)工作腔内产生油压。

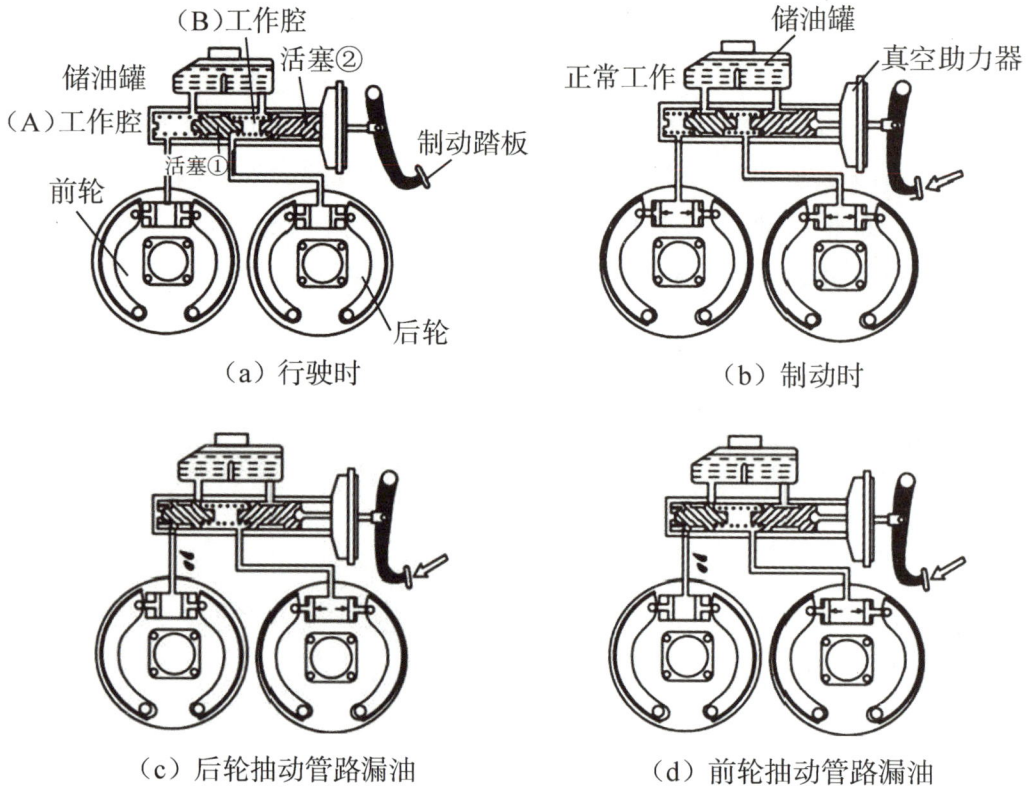

（a）行驶时　　　　　　　　　　（b）制动时

（c）后轮抽动管路漏油　　　　　　（d）前轮抽动管路漏油

图 5-5-5　制动主缸的工作原理图

知识点 4　制动轮缸

制动轮缸（见图 5-5-6）固定在制动底板上，其作用是将制动主缸传来的液压力转变为使制动蹄张开的机械推力，制动轮缸主要由缸体、活塞、皮碗、复位弹簧总成和放气螺钉等组成，如图 5-5-7 所示。放气螺钉的作用是排出混入制动液中的空气。

图 5-5-6　制动轮缸

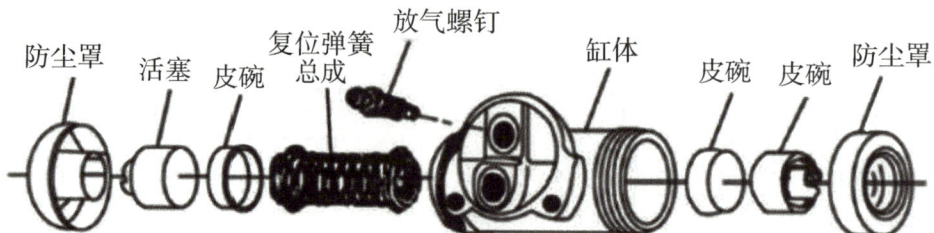

图 5-5-7　制动轮缸的结构

知识点 5　真空助力装置

1. 作用

？思考： 发动机熄火后，连续踩制动踏板，会发现制动踏板越来越硬，为什么？

真空助力器是轿车制动系统中的制动伺服装置（见图 5-5-8），利用汽油发动机工作时所产生的真空或柴油发动机所加装的真空泵所产生的真空，按一定比例放大制动踏板力来推动主缸活塞，使制动主缸产生液压，使轮制动器产生阻力进而控制车辆减速或制动。

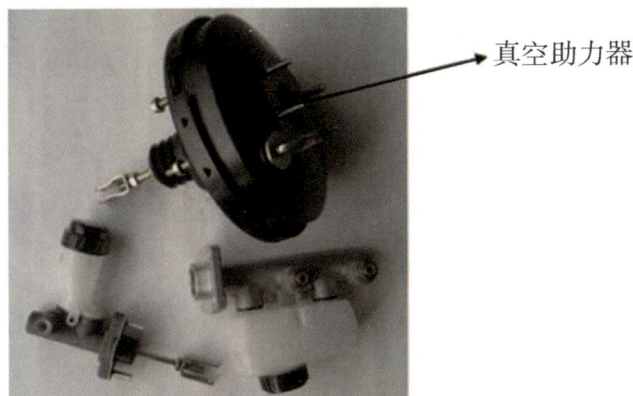

真空助力器

图 5-5-8　真空助力器

2. 结构及工作原理

（1）结构

真空助力器的结构如图 5-5-9 所示。

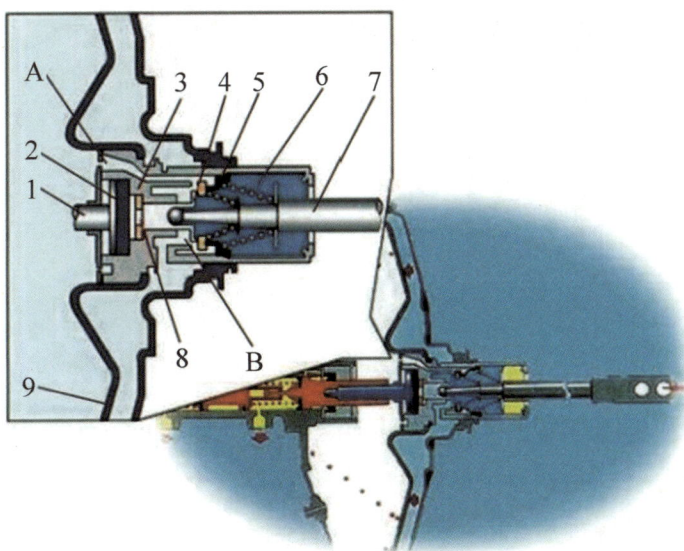

图 5-5-9　真空助力器的结构

1—制动主缸推杆；2—橡胶反作用盘；3—膜片座；4—空气阀座；5—橡胶阀门
6—弹簧；7—控制阀推杆；8—控制阀柱塞；9—膜片

（2）工作原理

汽车真空助力器一般和刹车总泵为一体。助力器成圆筒形状，被一个皮碗分成两个腔，两个腔中各有一个单向阀，平时这两个腔全是真空的，当踏下刹车踏板时，前面的单向阀打开，前腔开始进气，但后面的腔还是真空的，单向阀关闭，因为前腔和后腔产生负压，所以皮碗带动顶杆一起推动刹车总泵工作；当收回刹车踏板时，后腔中的单向阀打开，前腔中的单向阀关闭，前腔的空气流入后腔，两个腔没有负压，顶杆随着踏板回位弹簧一起回到原来的位置，同时后腔中的单向阀也关闭（见图 5-5-10）。

不制动时：空气阀和推杆在回位弹簧的作用下离开反作用盘，回到膜片座毂筒的右端位置。橡胶真空阀被压缩离开阀座而开启，空气阀紧压阀座而关闭，后腔的真空通道开启，加力气室前腔和后腔都处于真空状态。

制动时：推杆连同空气阀向左移动，消除了与橡胶反作用盘的间隙后，压缩橡胶反作用盘中心部分使其产生压凹变形，并推动推杆向左移动，使制动主缸液压上升传入各轮缸，此力为驾驶员所给。与此同时，推杆通过弹簧先将真空阀压向阀座使其关闭，使前、后两腔隔绝，进而空气阀与阀座分离而开启，外界空气经空气阀的开口与气道进入后腔。随着空气的进入在加力气室膜片的两侧出现压力差而产生推力，此推力通过膜片座、橡胶反作用盘推动推杆左移，此力为压力差所给。此时，推杆上的作用力应为踏板力与加力气室活塞推力的总和。

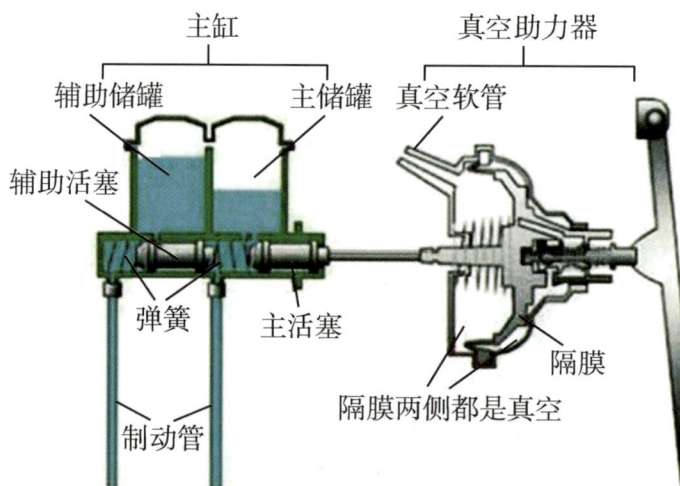

图 5-5-10　真空助力器的工作原理

维持制动：当踏板踩下停止在某一位置时，推杆和空气阀就停止推压橡胶反作用盘。膜片两边压力差通过膜片座作用在橡胶反作用盘的边缘部分，使盘中心部分凹下的材料又重新凸起变平，使空气阀重新落座而关闭，出现双阀关闭的平衡状态，助力作用停止。

解除制动：回位弹簧将推杆和空气阀推向右侧，使真空阀离开阀座，加力气室相通，成为真空状态。膜片和膜片座在回位弹簧的作用下回位，主缸即解除制动。

知识点 **6** 制动液

制动液填充在整个制动液压系统中，担负着液压系统传力和润滑的重任，其质量的好坏直接影响制动系统工作的可靠性。因此，制动液必须满足以下要求：

(1)低温流动性良好，保证液压系统在寒冷季节能正常工作；

(2)高温下不易汽化，防止因制动器的高温使液压管路中产生气阻而导致制动系统失效；

(3)不会使液压系统的金属件腐蚀，也不会使橡胶件老化、硬化或膨胀；

(4)能够良好地润滑液压系统中的运动部件；

(5)吸湿性差而溶水性良好。

现代汽车大多使用合成制动液，它由基础油和添加剂组成。合成制动液能在一个温度范围内保持稳定，具有较高的沸点(通常在 204℃以上)和较低的凝点(通常能达到－45.56℃)，且品质变化小，不会引起金属件和橡胶件损坏。制动液的沸点包括干沸点和湿沸点。干沸点也叫"平衡回流沸点"，指制动液未吸收湿气的沸点；湿沸点也叫"湿平衡回流沸点"，指制动液吸收了湿气后的沸点。

如果制动液中混入过量水分，就会降低制动液的沸点，高温时，制动管路中易出现气阻，因气体是可被压缩的，所以，高温下容易造成制动失灵。

1.制动液的型号

制动液的型号通常按照美国联邦机动车安全标准(FMVSS116)命名，目前使用的制动液有 DOT3、DOT4、DOT5，它们的平衡回流沸点和湿平衡回流沸点如表 5-5-1 所示。DOT 编号越大，制动液沸点越高。我国制动液有 HZY3、HZY4、HZY5 三种型号，其中的 H、Z、Y 分别表示合成、制动和液体的汉语拼音第一个大写字母，分别对应国际标准中的 DOT3、DOT4、DOT5。

表 5-5-1　制动液简介

制动液型号	DOT3/HZY3	DOT4/HZY4	DOT5/HZY5
平衡回流沸点/℃	205	230	260
湿平衡回流沸点/℃	140	155	180

DOT3 制动液是应用非常广泛的制动液，其基础成分是聚乙二醇，能够吸收空气中的湿气，并会损坏油漆。

DOT4 制动液也是一种聚乙二醇基制动液，其特点与 DOT3 相似，但它的沸点更高、低温流动性更好。使用 DOT3 制动液的液压系统可以使用 DOT4 制动液，但是它们不能混合使用，更换不同型号的制动液时，需要用新型号制动液彻底冲洗液压系统，以将原型号制动液彻底排放。

DOT5.1 制动液是非硅酮基、聚乙二醇制动液，能够吸收空气中的湿气，会损坏油漆，沸点比 DOT4 制动液更高，但是，DOT5.1 制动液价格高昂，一般用于重负载和高性能汽车中。

DOT5 制动液是非硅酮基制动液，沸点与 DOT5.1 制动液相当，它不吸收空气中的湿气，不损伤汽车油漆，对液压系统部件无腐蚀作用。DOT5 制动液完全不吸收水，进入液压系统中的水分以水的形式独立存在，极易影响制动效果，且制动液更换周期较短，因此，一般用在赛车中。

2. 使用制动液时的注意事项

制动液有一定的毒性，特别是对眼睛和皮肤的刺激比较大，更换制动液或维修制动系统时，操作人员应该穿防护服、戴防护手套和安全防护眼镜。由于制动液会污染环境，所以不能随意排放，应该按环保部门的要求回收储存及处理。另外，为了确保制动液的工作性能，在进行与制动液相关的维修时还应该注意以下事项：

(1)按厂商的要求使用规定型号的制动液，并定期更换；

(2)制动液应该存储在原装储存瓶中并密封好，禁止使用其他容器存放制动液；

(3)开启制动液储存瓶瓶盖或制动主缸储液罐前，应该清理其周围的灰尘、水等；

(4)制动液对车身涂层有一定的破坏作用，会产生"咬漆现象"，因此，在使用过程中应防止制动液与车身涂层接触；

(5)禁止用制动液储液罐存放制动液以外的任何物品；

(6)禁止使用回收的制动液(包括液压系统排空气时回收的制动液)或从其他车辆储液罐中吸取的制动液；

(7)制动液有很强的稀释能力，开启后的制动液要密封保存，尽快用完。

▶▶ 课中实践

一　能力测评

二　工作任务

1. 任务分组

班级：　　　　　　组号：　　　　　　指导老师：

组长：　　　　　　承担任务：

姓名	承担任务	姓名	承担任务

姓名	承担任务	姓名	承担任务

2. 任务实践

作业内容	图　解	技术提要
1. 注入新鲜制动液，接上电源		1. 选择正确的制动液 2. 取下制动液填充口上的密封盖，注入新鲜制动液，约 6L 3. 装置背面的液位显示管可以显示液体的填充量 4. 填充完毕后将制动液填充口重新用密封盖密封 5. 用相应的插头将电源线接上电源（交流 220V） 6. 打开装置开关按钮，压力表应显示 150kPa 左右的压力，然后关机
2. 连接转换器与主缸储液室		连接时注意气密性
3. 接上制动液收纳容器		1. 拧下换液螺钉护罩 2. 套上塑料管

作业内容	图　解	技术提要
4. 打开装置开关按钮		旋转调压器旋钮至锁止螺母
5. 调压、更换		1. 气压表上显示符合该车型所需要的工作气压_____ kPa 2. 按_____的顺序更换制动液 3. 在更换每个车轮制动液时，制动液收纳容器中有新制动液流出时，表明此车轮制动液更换结束
6. 拧上换液螺钉护罩		拧上换液螺钉护罩
7. 清洁		1. 换液完毕后，清洁贮液罐周围，清洁各个制动器换液孔周围泄漏出的制动液，装上橡胶防尘套。 2. 规范工作，践行绿色生产的理念、敬业奉献的工匠精神

3. 实施总结

组内分工	
熟练运用	
存在的问题	
改进的措施	

三　学习目标达成情况

序号	学习内容(知识、技能、行为习惯、职业素养)	评价标准			
		了解知道	理解掌握	指导下操作	独立操作

▶▶ 课后延伸

一　理论测试

二　任务实施巩固

要求：对操作过程用思维导图方法进行总结。

任务6   防抱死制动系统的检修

检修案例

通用科鲁兹品牌4S店的维修部接待一位客户报修。客户反映,该车行驶了8万公里,最近行驶过程中发现仪表中的ABS警告灯经常闪烁。经维修技师检查发现,车辆右前轮速传感器出现故障,故对其进行了维修,维修后故障现象消失。作为未来的汽车维修工,你需要熟悉汽车ABS系统的功能及组成,掌握故障排除技能。

课前导入

同学们,为了完成本次工作任务,请在课前利用多种途径查阅资料预习相关知识点,也可扫一扫右方二维码进行课前学习,熟悉相关应知应会知识点,并完成下面3个知识点的学习。

课前学习资料

知识点 1   ABS 防抱死制动系统的功能

防抱死制动系统的作用是在汽车制动时,自动调节_____的大小,避免车轮完全抱死在路面上产生_____,使车轮处于_____的状态,以保证车轮与地面之间有最好的附着状态,从而缩短_____,提高汽车制动过程中的_____及转向操纵能力,使汽车制动更加安全有效。

ABS制动防抱死系统防止汽车制动时车轮抱死,并把车轮的滑移率保持在_____的范围内,以保证车轮与路面有良好的纵向、侧向附着力,从而实现以下功能:

(1)充分发挥制动器的效能,缩短_____。

(2)可有效防止紧急制动时车辆_____,具有良好的行驶稳定性。

(3)可在紧急制动时转向,具有良好的_____。

(4)可避免轮胎与地面的剧烈摩擦,减少轮胎的_____。

知识点 2   ABS 系统的组成

ABS系统由_____、制动压力调节器、_____和液压控制单元等部件组成。写出下面部件的名称及作用。

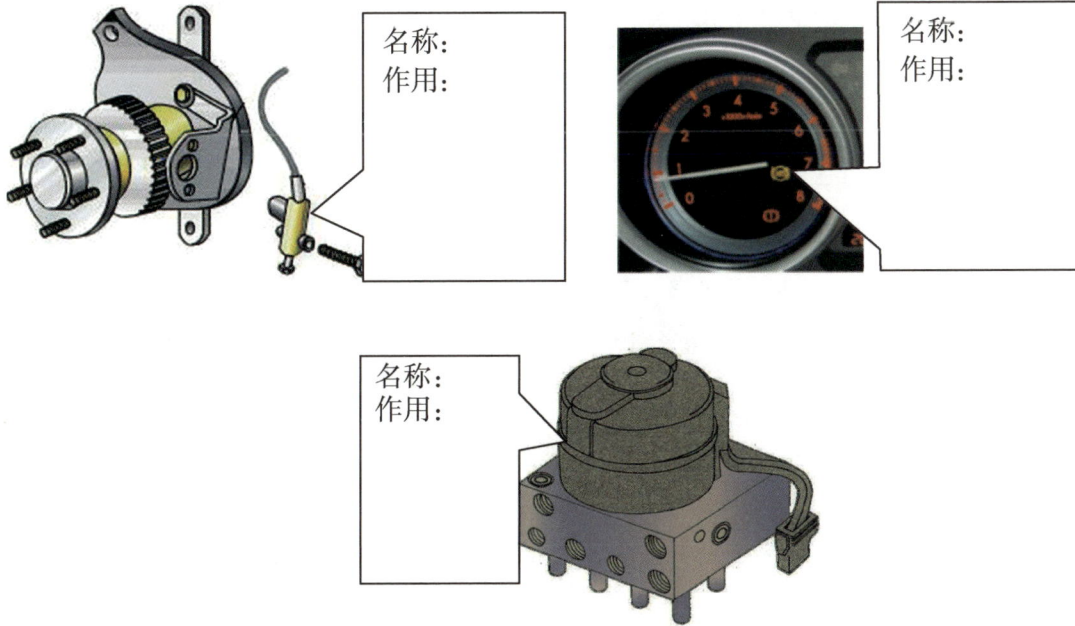

名称：
作用：

名称：
作用：

名称：
作用：

知识点 3　ABS 系统的工作原理

请填写表中各部件的工作状态。

工作过程	常开阀 （进油电磁阀）	常闭阀 （出油电磁阀）	液压泵	车轮转速
建压阶段	断电（开启）	断电（关闭）	断电（未工作）	迅速降低
保压阶段				
降压阶段				
增压阶段				

课中实践

一　能力测评

二　工作任务

1. 任务分组

班级：　　　　　　　　组号：　　　　　　　　指导老师：

组长：　　　　　　　　承担任务：

姓名	承担任务	姓名	承担任务

2. 任务实践

作业内容	图　　解	技术提要
1. 工作准备		1. 工作场景：理实一体化教室 2. 主要设备：教学用车、工具车、多媒体设备、工作台、诊断仪、万用表等 3. 辅助材料：翼子板布和前格栅布、三件套、抹布、挂历白纸、白板笔、卡片纸、喷胶
2. 车辆的基本防护和安全检查		1. 使车辆位于举升机位的正常举升初始位置 2. 安装车轮挡块 3. 拉紧＿＿＿＿＿＿ 4. 安装地板垫、＿＿＿＿＿＿和＿＿＿＿＿＿等三件套
3. 查找并记录车辆基本信息		1. 查找并记录 VIN 码。 ＿＿＿＿＿＿＿＿＿＿＿＿＿＿ 2. 车辆外观检查并记录损毁情况。 ＿＿＿＿＿＿＿＿＿＿＿＿＿＿ ＿＿＿＿＿＿＿＿＿＿＿＿＿＿

作业内容	图　　解	技术提要
4. 检查 ABS 指示灯		1. 打开点火开关，置于 ACC 位置 2. 观察 ABS 警告灯，2 秒后自检正常应熄灭，并记录（是/否）熄灭 3. 观察驻车制动指示灯，释放驻车制动时，应熄灭
5. 打开发动机舱盖		1. 拉起发动机舱盖释放杆 2. 打开发动机舱盖，安装好_____ 3. 安装翼子板、前格栅护布
6. 检查制动液液位		1. 找到制动液储液罐 2. 制动液液位应该处于"MAX"和"MIN"之间，结果记录_____ 3. 液位传感器安装良好，插接器安装良好，结果记录_____
7. 检查制动主缸		1. 制动主缸安装（是/否）良好 2. 管接头处（有/无）制动液渗漏
8. 检查液压控制单元		1. 液压泵电机安装良好 2. 压力控制单元外观无损坏 3. 制动管接头处（有/无）制动液渗漏

作业内容	图　解	技术提要
9. 检查 ABS 电子控制单元		1. ABS 电子控制单元安装良好 2. 外观无损坏 3. 插接器连接（是/否）良好
10. 检查 ABS 所有继电器、熔丝		检查所有继电器、熔丝是否完好，插接是否牢固
11. 举升车辆		1. 安装好举升垫块 2. 举升前、中要大声提醒并注意观察，以确保安全 3. 到位后安全锁止，关闭_____
12. 检查制动管路		1. 制动管路（有/无）凹陷、磨损等 2. 制动管路接头处（有/无）损坏、渗漏 记录具体故障及位置： _____
13. 检查轮速传感器		1. 轮速传感器安装（是/否）良好 2. 插接器（有/无）松动，线束（有/无）破损 记录具体故障及位置： _____

作业内容	图　解	技术提要
14. 降下车辆		1. 降下前、中要大声提醒并注意观察，以确保安全 2. 举升机回到较低位置，关闭电源开关 3. 车轮距离地面约 5cm **安全警告：** 发现举升异常，立即停止
15. 连接诊断仪		1. 选择 OBDⅡ诊断头，连接诊断仪 2. 在点火开关处于_____的情况下，将诊断仪连接至车辆上诊断口 **安全警告：** 在点火开关打开的情况下勿将诊断仪连接在车辆诊断接口上，以免损伤设备
16. 选择 ABS 系统		1. 按照诊断仪提示选择车型系统 2. 选择故障测试 ABS 系统
17. 读取故障码		1. 选择"读故障码"选项，确认并读取故障码 2. 若系统内无故障码则显示"系统正常" 3. 若出现故障码，退回上一级菜单，选择"清故障码"，启动发动机后再次"读故障码"，来判断"当前故障码"和"历史故障码" 故障码记录：_____
18. 起动发动机		1. 先关闭诊断仪 2. 起动发动机，维持怠速运转 **安全警告：** 车辆车轮必须完全离地

作业内容	图　　解	技术提要
19. 读取数据流		1. 选择 ABS 系统，数据流测试选项 2. 选择所需要读取的具体数据项
20. 读取轮速传感器主要数据流		1. 将换挡杆置于"D"挡，前轴两前轮应有轮速显示，否则，轮速传感器可能已损坏 2. 转动后轴上的车轮，正常也应有轮速显示，否则也可判断具体侧轮速传感器损坏 数据流记录 右前轮速＿＿＿＿＿＿＿＿＿＿＿ 左前轮速＿＿＿＿＿＿＿＿＿＿＿ 右后轮速＿＿＿＿＿＿＿＿＿＿＿ 左后轮速＿＿＿＿＿＿＿＿＿＿＿
21. 动作测试		1. 选择"动作测试"选项，进行 ABS 执行器动作测试，判断执行器工作情况 2. 进行"动作测试"前，车辆必须处于完全静止状态，故需确认
22. 进入动作测试界面		
23. 电磁阀继电器测试		1. 选择"电磁阀继电器"选项 2. 选择"打开"或"关闭"选项，继电器正常应能够动作，并伴有动作的声音 记录测试结果： ＿＿＿＿＿＿＿＿＿＿＿＿＿＿＿＿ ＿＿＿＿＿＿＿＿＿＿＿＿＿＿＿＿

作业内容	图　解	技术提要
24. 马达继电器测试		1. 选择"马达继电器"选项 2. 选择"打开"或"关闭"选项,马达正常应能够动作,并伴有转动的声音 3. 测试的时间不宜过长,一般 2～5s,否则易损坏马达 记录测试结果: _____ _____
25. ABS 警告灯测试		1. 选择"ABS 警告灯"选项 2. 选择"打开"或"关闭"选项,仪表板制动警告灯正常应点亮或熄灭,否则,制动警告灯或线路损坏 记录测试结果: _____ _____
26. 电磁线圈测试		1. 选择"激活 ABS 系统的 SRLR 电磁线圈"选项 2. 选择"打开"或"关闭"选项,电磁线圈应能够动作,并伴有动作的声音,测试时间应为 2～5 s。 3. "SRLH""SRRR""SRRH"电磁线圈的测试方法同上 记录测试结果: _____ _____
27. 5S 整理		1. 收起翼子板布、前格栅布,放到规定位置,盖上发动机舱盖 2. 收起三件套,丢弃至指定垃圾箱 3. 拔出钥匙,锁好车门,钥匙放回指定位置 4. 清洁车辆、地面及工具

续表

作业内容	图　解	技术提要
28. 填写工作表单		1. 完成的项目在工作表单中确认 2. 正常的打"√"，有问题的打"×" 3. 有数据记录的记录相关数据 4. 有疑问的做好相关记录

3. 实施总结及反思

三　学习目标达成情况

序号	学习内容（知识、技能、行为习惯、职业素养）	评价标准			
		了解知道	理解掌握	指导下操作	独立操作

续表

课后延伸

一　理论测试

二　任务实施巩固

用思维导图法对汽车 ABS 系统的组成、功能及检测内容进行总结与回顾。

课程评价

同学们，本课程模块学习结束了，感谢你始终如一地努力学习和积极配合。为了能使我们不断地做出改进，提高专业教学效果，我们珍视各种建议、创意和批评。为此，我们很乐于了解你对本周参加的模块学习的真实看法。当然，这一过程中所收集的数据采用不记名的方式，我们都将保密，且不会透漏给第三方。对于有些问题，只需打"√"做出选择；有些问题，则请以几个关键词给出一个简单的回答。

模块名称：　　　　　　　　　　　　　　教师名称：

课程时间：　　年　月　日——　日第　周

	很满意	较满意	一般	不满意	很不满意
模块教学组织评价☺☺☹					
1. 你对实训楼整个教学秩序是否满意？	☐	☐	☐	☐	☐
2. 你对实训楼整个环境卫生状况是否满意？	☐	☐	☐	☐	☐
3. 你对实训楼学生整体的纪律表现是否满意？	☐	☐	☐	☐	☐
4. 你对你们这一小组的总体表现是否满意？	☐	☐	☐	☐	☐
5. 你对这种理实一体的教学模式是否满意？	☐	☐	☐	☐	☐
培训教师评价☺☺☹					
6. 你如何评价培训教师(总体印象/能力/表达能力/说服力)？	☐	☐	☐	☐	☐
7. 教师组织培训通俗易懂、结构清晰。	☐	☐	☐	☐	☐
8. 教师非常关注学生的反应。	☐	☐	☐	☐	☐
9. 教师能认真指导学生，对任何学生都不放弃。	☐	☐	☐	☐	☐
10. 你对学习氛围是否满意？	☐	☐	☐	☐	☐
11. 你认为理论和实践的比例分配是否合适？	☐	☐	☐	☐	☐
12. 你对教师在岗情况是否满意(上课经常不在培训室、接打手机等)？	☐	☐	☐	☐	☐
培训内容评价☺☺☹					
13. 你对学习涉及的题目及内容是否满意？	☐	☐	☐	☐	☐
14. 课程内容是否适合你的知识水平？	☐	☐	☐	☐	☐
15. 学习中使用的各种器材是否丰富？	☐	☐	☐	☐	☐
16. 你对发放的学生手册和学生工作手册是否满意？	☐	☐	☐	☐	☐

请回答下列问题：

1. 在学习组织的哪些方面还需要进一步改进？

_____

_____

2. 哪些学习内容你特别感兴趣，为什么？

_____

_____

3. 哪些学习内容你不是特别感兴趣，为什么？

_____

_____

4. 关于学习内容是否还有你想学但老师这次没有涉及的？如有，请指出。

_____

_____

5. 你对哪些学习内容比较满意？哪些方面还需要进一步改进？

_____

_____

6. 你希望每次活动都给小组留有一定的讨论时间吗？你认为多长时间合适？

_____

_____

7. 通过这个模块的学习，你最想对自己说些什么？

_____

_____

8. 通过这个模块的学习，你最想对教授本模块的教师说些什么？

_____

_____